KB275404

몸짱 사장의
의외로 대단한 멘탈 트레이닝

뭐든
시작하면
어떻게든
된다

뭐든 시작하면 어떻게든 된다

초판 발행 2018년 1월 31일

지은이 테스토스테론
옮긴이 류두진

펴낸이 이성용, 조광환

펴낸곳 빈티지하우스
주 소 서울시 마포구 양화로11길 46 212호 (서교동, 남성빌딩)
전 화 02)355-2696 **팩 스** 02)6442-2696
이메일 editor.lee.vh@gmail.com
등 록 제 2017-000161호 (2017년 6월 15일)

ISBN 979-11-961326-6-8 13320

- 이 책 내용의 전부 또는 일부를 사용하려면 반드시 저작권자와 빈티지하우스의
  서면동의를 받아야 합니다.

- 빈티지하우스는 독자 여러분의 투고를 기다리고 있습니다.
  책으로 펴내고 싶은 원고나 제안을 이메일(editor.lee.vh@gmail.com)으로 보내주세요.

- 파손된 책은 구입하신 서점에서 교환해 드리며 책값은 뒤표지에 있습니다.

몸짱 사장의
의외로 대단한 **멘탈 트레이닝**

뭐든 시작하면 어떻게든 된다

테스토스테론 지음

–

류두진 옮김

빈티지하우스
VINTAGE HOUSE

오늘 하루도 고생 많았다.

나는 테스토스테론이라고 한다. 해외에서 회사를 경영하며 매일 웨이트 트레이닝에 힘쓰고 있다 보니 항간에서는 나를 '몸짱 사장'이라고 부른다. 일본에서는 웨이트 트레이닝과 다이어트에 관한 올바른 지식을 널리 알리는 활동도 하고 있다. 이름하야 '웨이트 트레이닝 혁명'이다.

웨이트 트레이닝의 장점을 전 국민에게 알리려면 공짜가 제일 좋은 방법이라고 단순하게 생각했다. 그래서 'DIET GENIUS'라는 웹 미디어를 완전 무료로 운영 중이다. 이곳에서는 −원래라면 돈을 받아도 전혀 이상하지 않을− 웨이트 트레이닝과 다이어트에 관한 올바른 지식을 무료로 제공한다. 이 밖에도 트위터나 블로그, 서적 등을 통해 웨이트 트레이닝이나 다이어트 정보, 인생 경험에서 얻게 된 깨달음에 관한 글을 올리는 활동을 이어오고 있다.

그런 활동을 하다 보면 참 여러 가지 상담을 받는다. '단백질 보충제 좀 추천해주세요' 같은 질문이 단연 많지만, '꿈'에 관한 상담도 눈에 띈다. 꿈을 이루고 싶어도 이룰 수 없다거나, 꿈을 찾지 못해 인생의 의미를 찾아내지 못하는 사람들이 우리 사회에 그렇게 많다는 사실에 놀라게 된다.

분명 당신도 그중 한 사람일 것이다. 표지에 그려진 내 일러스트를 보면 "그런 생각일랑 알아서 하쇼!"라고 말할 법한 사람으로 보일 수도 있겠다. 그래도 내게서 힘을 얻고자 이 책을 펼쳐든 당신에게 그렇게 매정하게 말할 생각은 없다. 나는 적극적인 사람의 편이다. 그리고 '달라지고 싶다'는 의지가 있는 사람에게 불가능은 없다고 생각한다. '달라지고 싶다'는 에너지를 연소시켜 인생의 궤도를 약간만 수정해도 사람은 쉽게 달라진다.

이쯤에서 간단하게 내 소개를 하고자 한다. 나는 일본에서 태어나 미국에서 자랐고, 지금은 아시아에 있는 대도시에서 회사를 경영하고 있다. 일본어, 영어, 중국어 3개 국어를 한다. 학창 시절에는 종합격투기로 주(州) 챔피언십 바로 직전까지 올라갔다. 현재는 본업에 매진하는 한편, 늘 최고의 성과를 발휘하기 위해 매일 묵묵히 근육을 단련하고 있다. 2016년에는 'DIET GENIUS'를 론칭해 대표를 겸직하고 있다. 덕분에 최근에는 '테스토스테론 씨를 동경하고 있어요!'라든지 '사장님처럼 되고 싶어요!'라는 소리를 듣기도 한다.

하지만 10년 전의 나는 지금의 모습과는 완전히 딴판이었다.

고등학교 시절 미국으로 유학 갔을 당시 몸무게는 110킬로그램이 넘었다. 울룩불룩한 근육은커녕 비만 체형이었다. 물론 운동은 전혀 할 줄 몰랐고, 성적도 그저 그랬다. 눈 씻고 찾아봐도 장점 하나 없는 아이였다. 그랬던 내 인생이 미국에서 웨이트 트레이닝을 접하고 완전히 바뀌었다.

미국은 웨이트 트레이닝이 문화로 자리 잡고 있다. 더구나 내가 유학 갔던 곳은 가장 가까운 편의점까지 40분이나 걸리는 완전 깡촌이었다. 그러니 할 수 있는 것이라곤 웨이트 트레이닝 아니면 농구 두 가지밖에 없었다. 친구가 여섯 명 모이면 농구를 했고, 그 외에는 오로지 웨이트 트레이닝에 힘썼다. 사실 학교 선택과목 중에 웨이트 트레이닝이 있을 정도였다. 학교에는 이상하리만치 몸짱이 많았다. 당시 우리 사회에는 몸짱 하면 '죽어라 운동만 하는 사람'이라는 이미지가 있었는데, 미국 학교의 몸짱들은 죄다 성적우수자뿐이었다. 나는 망설임 없이 웨이트 트레이닝 수업을 신청했다. 다행히도 웨이트 트레이닝 담당교사가 지역에서 유명한 미식축구팀의

코치였던 덕분에 나는 웨이트 트레이닝에 완전히 매료되었다. 똑같은 수업이라 학점을 인정받지 못하는데도 2학기 연속으로 웨이트 트레이닝 수업을 들을 정도로 빠져들었다. 게다가 고등학교 3학년이 되었을 때는 수업만으로는 성에 차지 않아 마을에 있는 가장 큰 헬스장에도 가입했다.

웨이트 트레이닝에 빠져들면서부터 생활은 180도 달라졌다. 우선 30킬로그램 다이어트에 성공해 몸무게를 80킬로그램까지 감량했다. 그리고 웨이트 트레이닝에 몰두하면서도 성적을 놓치지 않기 위해 우선순위를 정하는 방법이나 효율적으로 시간을 관리하는 방법, 스트레스 대처나 각종 위험요소 관리, 올바른 노력 방법 등을 고민했다. 이제 와서 돌이켜보면 이른바 성공방정식의 본질을 웨이트 트레이닝을 통해 배운 것이나 마찬가지다.

나는 이처럼 웨이트 트레이닝이나 격투기 등의 경험을 통해 얻게 된 교훈을 매일 블로그와 트위터에 올리고 있다. 이 책으로도 내 생각이 전해졌으면 한다.

뭔가 대단한 것을 말하는 것 같겠지만, 나는 내가 지닌 욕망을 좇아서 그것을 실현하기 위해 행동해왔을 뿐이다. 최근에야 웨이트 트레이닝에 관한 일을 하고 있지만(본업이 아니다!), 웨이트 트레이닝이 꿈이었던 것은 아니었다. '강해지고 싶다', '인기 있었으면 좋겠다'라는 생각에서 엄청난 웨이트 트레이닝을 했고, '대단해지고 싶어서', '돈을 벌고 싶어서'라는 생각에 사장이 되었다. '영어를 할 줄 모르면 금발 미녀를 꼬실 수 없다'라는 생각에 영어를 배웠다. '사람들이 내게 엄청 고마워해줬으면 좋겠다', '더 좋은 사회를 만들어 나중에 전설이 되고 역사에 이름을 남기고 싶다'라는 생각에 트위터나 'DIET GENIUS'에서 활동하고 있다.

'꿈'이라고 하면 멋져야 한다든지 크게 가져야 한다고 여길지도 모르겠지만, 그럴 필요 없다. 눈앞의 작은 욕망을 하나하나 이루어가면 그만이다. 그렇게 생각하면서 가벼운 마음으로 읽어주기 바란다.

목차

시작하며   5

0 꿈이란 게 대체 뭔데?

꿈을 찾아 헤매는 당신에게   16

꿈은 없어도 된다!   21

꿈을 이루는 것보다 중요한 것   25

자기 자신부터 좋아해라   31

Insight 웨이트 트레이닝은 최강의 이직 활동이다   36

1 몸짱 사장이 알려주는 한 걸음 내딛는 비법

목표라면 뭐든지 좋다   40

행동이 먼저다   45

해보고 후회하는 경우는 없다   49

눈앞의 목표가 당신을 즐겁게 만든다   53

작은 목표로 멘탈을 단련한다   57

큰 것은 언제나 옳다   61

커다란 목표가 없다면 일단 작은 목표부터   65

뭐든 스스로 결정해라 어차피 내 인생이다   69

Insight 세 가지를 동시에 시작하면 최단거리로 달릴 수 있다   73

좋아서 하는 일이 정답이다   75

헤매도 좋고, 목표가 바뀌어도 좋다   79

'이 행동의 목적은 뭐지?' 하고 스스로 되물어라   83

목표를 정하는 데 주위의 시선은 필요 없다   86

당신이 즐거우면 주변 사람들도 행복해진다   90

목표가 꿈을 가져다준다   94

Insight 공을 가장 멀리 던질 수 있는 각도, 45도   98

2 오늘부터 바로 가능한 목표 찾기 방법

1단계 당신의 '욕망'은 무엇인가?   102

2단계 동경하는 사람, 질투 나는 사람을 세 명 꼽아라   106

3단계 본인의 노력에 따라 달성할 만한 것을 골라라   109

4단계 목표 달성을 위해 필요한 행동을 세분화하라   113

5단계 철저하게 조사하라   117

6단계 목표달성률을 숫자로 관리하라   121

7단계 언제든 개선하고 수정하라   125

Insight 욕이나 험담, 상처 주는 말 대신 칭찬   129

3 목표 달성을 위한 멘탈갑 트레이닝

이제 멘탈갑이 되자!   132

남들 험담에 신경 쓰지 마라   136

비판에 겁먹지 말고 오해를 두려워 마라   140

비판은 무시해라! '부정의 무한 루프'에 빠질 뿐이다   144

'너한테는 무리다!'는 '본인에게 무리'인 사람이 하는 허튼소리   148

Insight '미움 받지 않으려는 노력'보다 '호감을 사려는 노력'을 해라   152

친구 관계도 과감히 정리한다   154

긍정적인 사람과 어울린다   158

배신당하더라도 신경 쓰지 마라! 오히려 행운이다   162

고독이 두렵다고? 도전자는 언제나 고독하다   166

Insight 사과할 거리가 없는지 찾아라! 그리고 솔직하게 사과해라   171

남에게 기대하지 마라   174

승자냐 패자냐는 지금 당장 하느냐 마느냐에 달려 있다   178

최상의 조건을 기다리지 마라   182

Insight 밤샘은 금물이다. 일단 자고 자신을 몰아붙여라   186

한 번뿐인 인생, 후회만 안고 살아갈 것인가?   188

자신에게 '엄격'한 것도 중요하지만, 가끔은 '관대'해져라   192

실패는 자신을 다잡는 최고의 기회다!   196

슬럼프를 즐겨라   200

**Insight 한 과목 100점 받는 천재보다
세 과목 80점 받는 평범한 사람이 이긴다**   204

마치며   207

몸짱 사장의
의외로 대단한 멘탈 트레이닝

뭐든
시작하면
어떻게든
된다

0

꿈이란 게 대체 뭔데?

꿈을 찾아 헤매는 당신에게

좀 느닷없는 질문을 던지겠다. 꿈이란 대체 뭐라고 생각하는가?

우리들은 '멋진 꿈을 갖자!'든가 '나만의 꿈을 찾자!'라는 말을 자주 듣는다. 초등학교 글짓기 시간의 단골 주제이기도 했다. 학창 시절 다양한 기회를 통해 자신의 꿈을 그려보고, 선생님이나 부모님에게 본인의 꿈을 자랑했던 기억이 누구나 있을 것이다.

많은 사람이 입을 모아 꿈을 가지라고 조언한다. 그만큼 꿈이 있으면 좋은 점이 많다. 꿈을 찾으면 자신이 향해야 할 목표나 방향이 보이고, 그쪽을 향해 일직선으로 힘차게 나아갈 수 있다. 현재 본인이 서 있는 위치에서 꿈을 이루는 경로를 역계산하여 가면 되기 때문에 부족한 부분이나 능력을 효율적으로 보강할 수 있다.

조금이라도 빨리 꿈을 찾을 수만 있다면 인생이 즐거워지고 일상이 충실해진다. 꼭 이루고 싶은 꿈이 있다면 스킬이나 이루기 위한 요령을 운운하거나 초조해할 일이 없다. 남들이 말려도 멋대로 돌진해갈 것이다. 꿈을 찾은 순간 문제의 90%는 이미 해결된 것이라고 봐도 무방하다.

꿈을 빨리 갖는 것에 대한 장점은 다들 이해했으리라 본다. 그렇다고 당장 '당신의 꿈은 뭡니까?'라는 질문을 던진다면 아마 사람들 대부분은 난처해할 것이다. 꿈이라는 목표가 확실하게 정해져 있지 않으면 갈피를 잡기가 어렵다. 예컨대 취직을 눈앞에 둔 대학생이면서도 꿈을 찾지 못해 배낭 하나 달랑 메고 전 세계를 여행하는 사람이 있다. 그런가 하면 직장에 다니면서 여전히 다른 꿈을 찾고 있는 사람도 많을 것이다. 이 책을 펼쳐 든 당신도 그런 사람 중 한 명일 수 있다.

당신은 줄곧 꿈에 대해 이렇게 생각하고 있지 않았는가?
'꿈이란 게 대체 뭔데?'
'솔직히 나도 내가 뭐가 되고 싶은지 모르겠어.'
'지금 하는 일이 적성에 맞지는 않아.'

게다가 이렇게 생각해본 적도 있지 않은가?

당신도
꿈이라는
주술에 걸려
고통에 몸부림치고
있지 않은가?

‘꿈이란 게 어디 그리 쉽게 찾아지나.’

‘어른이 되면 꿈을 찾을 수 있을 거라 생각했는데.’

그렇다. 꿈이란 그리 쉽게 찾을 수 있는 것이 아니다. 다만 꿈을 갖는 것은 멋진 일이며 아무래도 없는 편보다야 있는 편이 낫다. 하지만 동시에 ‘찾으면 행운’ 정도의 부담 없는 존재이기도 하다. 인생을 즐기는 데 꿈이라는 것이 딱히 필요하지는 않다. 사치품이지 필수품이 아니다. 다만 우리가 어렸을 적부터 멋진 꿈을 가져야 한다는 말을 귀에 못이 박히게 들어온 탓인지, 꿈은 실제 이상으로 신격화되어 있다. 물론 꿈이 중요하기는 해도 꿈에 대한 선입견 탓에 괴로워하거나 고민하고 있는 사람이 너무나 많이 눈에 띈다.

‘멋진 꿈을 가져야만 해.’

‘꿈도 없이 어떻게 인생을 즐기겠어.’

이런 고정관념에 사로잡혀 인생을 즐기지 못하는 사람이 얼마나 많은가.

당신도 꿈이라는 주술에 걸려 고통에 몸부림치는 한 명은 아닌가? 꿈이 없다고 침울해할 필요는 없다. 자신을 탓할 필요도 없다. 어렵게 생각하지 않아도 된다. 꿈이 없어도 인생을 마음

껏 즐길 수 있는 방법을 이제부터 가르쳐줄 테니 말이다. 당신
을 옭아매고 불행하게 만드는 꿈이라는 주술에서 보란 듯이 해
방시켜주고자 한다.

꿈은 없어도 된다!

단언한다. 꿈이 없어서 괴로워할 바에야 차라리 없어도 된다! 꿈을 이루어보겠다고 이 책을 집어든 독자가 대부분이라 '잠깐, 이 사람 지금 무슨 소릴 하는 거야?' 하고 생각할지도 모르겠는데, 부디 끝까지 따라와 주기 바란다.

'꿈이 없으면 인생을 즐길 수 없어.'

'꿈이 없으면 행동으로 옮길 수 없지.'

이런 환상은 사람들의 행동에 제약을 걸고 인생을 고리타분하게 만든다. 꿈을 찾아서, 혹은 꿈을 계속 기다리는 사이에 인생은 끝나버린다. 꿈 따위 필요 없다. 자신의 욕망을 좇아 눈앞의 목표를 향해 재빨리 움직이는 것이야말로 승리하는 길이다.

분명 꿈을 설정하는 것은 매우 중요하다. 앞서 말했듯이 되고 싶은 자신의 모습에 최단거리로 다가가는 데 매우 효과적인 방

멋진 꿈이 없어도 눈앞의 목표만 있다면
일상은 즐거워지고 충실해진다.
즐겁다면
그걸로
OK!!

법이다. 그렇지만 그건 어디까지나 이상론에 불과하다. 거듭 강조하는데, 인생을 걸고 이루고자 하는 꿈이 그리 쉽게 찾아지는 것은 아니다. 자신의 욕망을 좇아 눈앞의 목표를 향해 과감하게 행동하고 다양한 경험을 하는 사이에 운이 따른다면 꿈의 윤곽이 잡힐 것이다. 하지만 행동하지 않는다면 꿈을 이루기는커녕 찾을 수도 없다. 따라서 꿈이 없어도 어찌 됐든 행동해야 한다는 점이 중요하다.

꿈이란 그때그때 달라지는 법이다. 나이를 먹어가는 동안 다양한 세상을 접하고 여러 가지 경험을 쌓음으로써 많은 현실을 알게 된다. 그러면서 꿈을 포기한 적도 있을 것이다.
'내가 세상의 모든 가난을 없애버리겠어!'
'가난한 나라에 학교를 세워야지!'
젊었을 때 이렇게 의욕이 넘쳤던 사람도 자녀가 태어나면 생각이 바뀔 수 있다.
'역시 사회보다는 가족의 행복이 우선이야.'

죽을 때까지 꿈을 찾지 못하는 사람도 많다. 하지만 꿈이 없었다고 그렇게 살아온 사람들이 불행하다고 말할 수 있을까? 절대 그렇지 않다. 꿈이 있으면 즐겁겠지만, 없다고 즐겁지 않은 것은 아니다. 멋진 꿈이 없어도 눈앞의 목표만 있다면 일상은 즐거워지고 충실해진다. 그러니 꿈이 없다고 걱정하지 않아도 된다.

중요하니 몇 번이고 강조하겠다. 꿈이 없다는 이유로 고민할 필요는 전혀 없다. 그런 상황에 뻔뻔하게 철판 좀 깔아도 전혀 문제될 일 없다. 그러나 아무것도 하지 않아도 된다는 말은 아니다. 꿈이 없어도 된다고 말했다고 해서 집구석에 죽치고 앉아 스마트폰 게임만 하거나 TV만 보면서 시간을 때우지는 말기 바란다. 그래서야 지금 당신의 상황이 달라질 일도, 좋아질 일도 없을 테니까.

꿈을 이루는 것보다 중요한 것

꿈을 이룬다는 것은 너무나 멋진 일이다. 꿈을 이룬 사람들을 보면 대부분 빛나고 있고, 매일 충실한 생활을 보내고 있다. 누구나 부러워하는 존재다. 하지만 꿈을 이룬 사람들이 눈부시게 빛나 보이기 때문에 당신도 꿈을 이루고 싶다고 생각한 것은 아닌가? 그렇다면 당신은 꿈보다 더 중요한 것이 있다는 사실을 놓치고 있다.

나는 꿈을 이루는 것, 멋진 꿈을 가지는 것보다는 뭔가를 향해 노력하고 성장하는 과정이나 자세가 더 중요하다고 생각한다. 뭔가를 향해 노력하고 성장하는 데 꿈은 필요하지 않다. 눈앞의 목표만 있으면 충분하다. 인간은 노력하고 성장하는 과정 자체에서 더없는 행복과 기쁨을 느끼는 생물이다. 목적지가 '꿈'이든 '단기적인 목표'든 과정은 똑같이 즐겁다.

‘노력은 결실을 맺지 못한다’는 둥 ‘노력은 헛수고다’라는 둥 노력을 부정하는 사람이 많다. 확실히 말하건대 그런 쓰레기 같은 의견에 혹하지 말자. 들을 가치도 없다. 노력에 대한 보상은 성공이 아닌 성장이다. 이 점을 착각해서는 안 된다.

노력이 헛수고라고 말하는 무리들은 세상을 ‘성공 아니면 실패’로밖에 보지 못한다. 하지만 실제 세상은 ‘성공 아니면 성장’이다. 설령 성공하지 못하더라도 확실히 성장은 계속되고 있다. 성공하지 못했다고 해서 자신의 성장에는 눈길을 주지 않고 인정하지 않다니 얼마나 아까운 일인가.

노력하지 않으면 절대로 성장하지 않는다. 성장하지 않는 자는 망한다. 실패한다고 망하지는 않는다. 문제는 실패하는 것이 아니라 성장하지 않는 데 있다.

중요한 것은 멋진 꿈을 갖는 것도, 꿈을 이루는 것도 아니다. 목표를 향해 열심히 노력하고 성장하는 것이다. 노력함으로써 사람은 성장하고 시야도 넓어진다. 아무것도 하지 않는다면 – 물론 본인은 현상 유지를 할 생각이었겠지만– 사실상 퇴화하는 셈이다. 주위는 항상 성장하고 있고 시대도 계속 변하는데 만약 당신이 노력을 게을리한다면 당연히 뒤처지게 되지 않겠는가.

꿈이 없기 때문에 행동으로 옮길 수 없다는 말은 주객전도다.

목적지가 '꿈'이든 단기적인 '목표'든,

과정은 똑같이 즐겁다.

그런 태도라면 꿈을 찾았을 때 이미 시기를 놓쳤을 수 있다. 예컨대 딱히 장래의 꿈이 정해져 있지 않은 학생이라도 나중의 선택지를 늘리기 위해 좋은 대학을 지향하지 않던가. 마찬가지로 하고 싶은 것을 찾았을 때나 이루고 싶은 꿈을 가졌을 때를 대비해 항상 행동하고 경험하며 능력을 높여둘 필요가 있다.

기초 능력만 높여둔다면 하고 싶은 일을 찾았을 때 목표를 향해 전속력으로 달릴 수 있다. 평소에 아무런 노력이나 행동을 하지 않았던 사람은 하고 싶은 일을 찾더라도 어떻게 시작해야 할지를 모른다.

로마의 철학자 세네카의 명언 중 'Luck is when preparation meets opportunity'라는 말이 있다. '행운이란 끊임없는 노력이 기회를 만났을 때 생기는 것이다'라는 의미다. 노력과 행동을 하지 않는 사람은 어떤 기회가 오든 잡지 못한다.

한번 떠올려보기 바란다. '뭔가'를 향해 한창 돌진하는 중에는 항상 즐거운 법이다. '포켓몬 고' 게임으로 열심히 포켓몬을 모으는 과정과 마찬가지다. 게임을 하는 순간은 열중하게 되고 매우 즐겁게 보낸다. 게다가 포켓몬을 모두 모았을 때보다 사실은 수집하는 과정이 더 즐겁다. 단기적 목표를 향해 노력하는 것은 기초 체력을 단련해 풍요로운 인생을 보내는 관건이 되는 한편,

인생을 즐기기 위해서도 빠뜨릴 수 없다.

　몇 번이고 강조하겠다. 거창한 꿈은 필요 없다. 단기적 목표만 있으면 충분하다. 꿈이 인생이라는 커다란 규모 혹은 수십 년이라는 장기간에 걸쳐 이루어가는 것이라면, 목표는 단기적 혹은 중기적으로 해결해가야 할 존재다. 눈앞의 해야 할 일이라고 해도 좋다. 꿈에 비하면 찾기도 쉽다. 꿈이 없어도 목표를 가질 수 있다면 당신의 매일 생활은 눈 깜짝할 사이에 빛나기 시작한다.

　당신도 학창 시절에 공부하랴 동아리 활동하랴 시간에 쫓겼을 테지만 이래저래 충실한 시간을 보냈을 것이다. 충실하게 생활하면 바쁘다 보니 고민거리도 사라진다. 화려한 꿈이 없어도 당신의 인생은 반짝반짝 빛나기 시작한다. 당사자는 실감이 안 될 수도 있겠지만, 분명히 훗날 인생의 양식이 된다.

　긴 인생을 감안할 때 꿈이 없는 상태는 '목적지를 알지 못한 채로 암흑 속을 빛도 없이 헤매는 상태'라고 느껴질 수 있다. 하지만 꿈이 없어도 목표나 열중할 것만 있다면 그것이 암흑 속의 가로등이 되어준다.

내가 목표를 가지라고 하는 중요한 이유가 한 가지 더 있다. 목표를 가지고 노력하고 성장함으로써 자기 자신이 점차 좋아진다는 점이다. 자존감은 사람의 행복에 크게 관여하면서도 가장 얻기 어려운 것 중의 하나다. 여기에 관해서는 뒤에서 차분하게 설명하기로 하겠다.

자기 자신부터 좋아해라

나는 매일 트위터에 웨이트 트레이닝이나 다이어트 정보, 내 경험에서 얻은 깨달음에 관한 글을 올리고 있다. 덕분에 팔로워 수는 계속해서 상승해 38만 명(2018년 1월 현재)을 돌파했다. 많은 사람이 호응해주고 있는데 그중에서도 특히 팔로워들의 관심이 높은 글은 '자존감을 가져라!'라든지 '자기 자신을 좋아해라!'라는 내용이다. 우리 사회에서 자기 자신을 좋아하지 못해 괴로워하는 사람들이 얼마나 많은지를 실감시켜주는 대목이다.

자존감 혹은 자기 자신을 좋아하느냐 마느냐는 많은 사람이 생각하는 것 이상으로 중요한 요소다. 왜냐하면 인생의 행복도와 밀접하게 연관되어 있기 때문이다.

'행복'을 한마디로 정의내리기는 당연히 불가능하다. 하지만 적어도 자기 자신을 싫어하는 상태에서 행복을 느낄 수는 없다.

자기 자신을 좋아하게 되면 인생은 당연히 즐거워진다.

설령 사회가 '승리자'로 치켜세우든지, 엄청난 부자가 되든지 자기 자신을 싫어하면 마음속 깊은 곳에서 행복을 음미할 수 없다. 충실한 생활과 채워지지 않는 마음 사이의 간극으로 인해 불행을 더욱 강하게 느낄 가능성마저 있다.

반대로 자존감이 높거나 자기 자신을 좋아하면 설령 경제적으로 힘들고 남들이 봤을 때 고생하는 것처럼 보이는 사람도 충분히 행복을 느낄 수는 있다. 사실 예전의 나도 그랬다.

앞에서도 말했지만 어렸을 때 나는 상당한 비만이었고 고등학교 때는 몸무게가 110킬로그램이나 나갔다. 미국 고등학교로 유학 가서 웨이트 트레이닝을 접하기 전까지는 줄곧 그런 몸이었으니 운동 과목은 꼴찌를 도맡아 했다. 학교 마라톤 대회는 도중에 걷는 것이 당연했고 악몽 그 자체였다. 운동뿐만 아니라 공부도 평소에 하는 편이 아니었기 때문에 당연히 성적은 부진했다.

그러나 나는 열등감도 없었거니와 나 자신을 좋아했기 때문에 매일매일이 행복했다. 초등학교 생활통지표의 평가란에는 '숨겨진 재능이 있습니다'라고 적혀 있었다. 지금 생각해보면 칭찬할 구석이라곤 눈을 씻고 찾아봐도 없었을 테니, 선생님도 어떻게든 좋은 표현을 쥐어짜내느라 고생 깨나 했을 것이다. 그러나 순진한 나는 '진짜? 역시 난 선택 받은 존재였구나!' 하며 마냥 기뻐했다. 그때의 나는 -지금도 그렇지만- 나 자신을 좋아했고 뭐든 긍정적으로 받아들였다. 옆에서 봤을 때는 운동도 공부도 못하고 멋있는 구석이 하나도 없었지만, 나 자신을 좋아하는 것만으로 행복해하며 매일을 즐겁게 보냈다.

물론 사람들 대부분은 예전의 나처럼 아무런 근거도 없이 선생님이 쥐어짜낸 칭찬 한마디로 기뻐하기가 쉽지 않을 것이다.

하지만 목표를 향해 매일매일 열심히 살다 보면 저절로 자기 자신을 좋아하게 된다. 왜냐고? 뒤에서 자세히 설명하겠지만, 목표란 이상적인 자기 모습 혹은 되고 싶은 자기 모습에 맞춰 설정하는 것이다. 즉, 목표를 향해 노력하면 노력할수록, 목표에 가까워지면 가까워질수록 이상적인 자기 모습에 가까워진다. 목표를 향한다는 것이 곧 자기 자신을 좋아하게 되는 것이라고 봐도 과언이 아니다. 자기 자신을 좋아하지 못하겠다는 사람은 이상적인 자기 모습을 머릿속에 그려보고 거기를 향해 노력하면 된다.

자기 자신을 좋아하게 되면 인생은 당연히 즐거워진다. 목표를 많이 해결하면 '나도 하면 된다!' 하고 자신감도 붙는다. 그렇게만 된다면 자기 자신을 싫어하기가 오히려 어려워지며 자존감이 높아지지 않을 수 없다.

게다가 힘을 내서 뭔가를 할 때는 열중하게 되고 충실한 시간을 보내기 때문에 괜히 침울해질 틈도 없다. 사람은 틈이 생기면 쓸데없는 걱정을 하게 되는 법이다. '인생을 이렇게 살아도 괜찮을까?'라든지 '저 녀석에 비하면 나는…'처럼 불안이 점차 부풀어 오른다.

하지만 목표를 향해 노력하다 보면 그런 것은 다 쓸데없는 걱정이다. 제대로 해간다면 자기 자신이 좋아지면서 당신의 인생은 빛나게 된다. 꿈이나 하고 싶은 것이 없다는 이유로 '어차피나 같은 건…' 하면서 괜히 비굴해지는 상황 역시 개선된다. 이것은 이상한 종교나 정신적인 것이 아니라 누구나 할 수 있는 쉬운 방법이다. 더구나 능력이 부족한 사람이든 요령이 부족한 사람이든지는 관계없다. 비교 대상은 남이 아니라 어제의 자기 자신이기 때문이다. 회사 동료나 경쟁자를 상대로 이기기는 어렵더라도 어제의 자신에게는 이길 수 있을 것 같지 않은가?

아래만 향하고 있어서야 아무것도 시작할 수 없다. 위를 향해서 나아가보지 않겠는가?

웨이트 트레이닝은
최강의
이직 활동이다

사람은 겉모습이 다가 아니다. 내면이 중요하다.

자주 듣는 말이겠지만, 안타깝게도 사람은 남을 겉모습으로 판단하는 생물이다. 물론 칭찬할 만한 일은 아니다. 나 역시 사람의 가치를 결정짓는 요소는 내면에 있다고 생각한다. 하지만 한편으로는 사람을 첫인상으로 판단하는 현실을 인정해야 한다. 매일 수많은 사람과 만나는 와중에 그들의 내면 하나하나를 살펴볼 틈은 없기 때문이다.

'내면이 중요하다'는 말을 방패삼아 겉모습을 갈고닦는 것을 게을리하는 사람이 있다. 머리는 부스스하고 셔츠는 구깃구깃하며 몸은 칠칠치 못하다. 그런 사람이 내면을 봐달라고 한다면 어느 누가 설득을 당하겠는가. 상대방이 '이런 녀석과 일하기 싫다'고 생각하면 내면을 봐줄 수 있는 관계가 맺어지지도 않는다. 겉모습이 중요한 면도 있는데도 그런 사실을 인정하지 않고 아무런 노력을 하지 않는 사람. 그런 사람의 내면이라면 아무도 보고 싶어 하지 않을 것이다.

따라서 최소한의 노력은 필요하다. 미용실에 가거나 셔츠를 다려 입는 등 할 수 있는 일은 많다. 웨이트 트레이닝으로 스타일을 유지하는 것도 훌륭한 노력이다. 겉모습을 갈고닦는 노력은 수많은 노력 중에서도 가장 쉽고 효과가 크다.

특히 추천하고 싶은 방법이 웨이트 트레이닝이다. 잘 갈고닦아 완성된 몸은 하루아침에 얻을 수 있는 것이 아니다. 최소한 일주일에 세 번 정도는 헬스장에 다니면서 식사에도 신경을 써야 한다. 더구나 그런 생활을 규칙적으로 지속해가지 않으면 유지하는 것조차 불가능하다. 즉, 잘 갈고닦은 몸은 '노력하는 사람'이라는 증명이다. 게다가 웨이트 트레이닝에서는 '이제 못하겠다…' 하고 느낄 때 하나를 더 해내는 것이 필수다. 따라서 자신의 한계를 돌파하는 능력을 겸비했다는 점을 알 수 있어 '위기가 와도 도망치지 않는 사람'이라든지 '끝까지 버텨내는 사람'이라는 평가로 이어질 가능성이 높다. 바짝 조여진 몸은 식생활의 절제가 이루어낸 결과이기도 해서 자제심이 강하다는 인상을 준다. 입은 거짓말을 해도 근육은 거짓말을 하지 않는다.

소위 운동부 출신이 취직에서 유리한 데는 이런 이유도 있다. 노력하는 사람이면서 근성이 있고 자제심도 강하다. 누가 몸을 보고 "예전에 운동하셨어요?"라는 말을 한다면 근성을 인정받는 것과 마찬가지다. 이직할 때도 분명 도움이 될 것이다. 그런 의미에서 웨이트 트레이닝은 최강의 이직 활동이라고도 할 수 있다. 어설픈 자격증 하나 따는 것보다 도움이 된다는 점은 틀림없다.

1

몸짱 사장이
알려주는
한 걸음 내딛는 비법

목표라면 뭐든지 좋다

앞서 목표가 중요하다고 강조했다. 이번 장에서는 목표에 관한 조금 더 자세한 내용, 즉 목표의 의미와 목표를 설정하는 방법 등을 설명하고자 한다. 반복되는 부분도 있을 텐데, 그만큼 중요하기 때문에 그렇다. 내용을 재차 곱씹어보기 바란다.

몇 번이나 힘주어 강조하지만, 꿈이 없어도 인생을 짜릿하게 만들 수 있다. 단기적인 목표를 설정해서 그것을 향해 돌진하기만 하면 충분하다.

'큰 꿈이 없는 상태에서 행동으로 옮기면 안 돼.'

'근사한 뜻이 있어야만 해.'

이렇게 생각하기 때문에 아무리 시간이 지나도 행동으로 옮기지 못해 괴로워하게 된다.

누구나 목표를 향해가다 보면 반드시 성장할 수 있다. 앞에서 '꿈을 찾았다면 90%는 이룬 것이나 마찬가지다'라고 했는데, 목표도 마찬가지다.

착실하게 앞으로 나아가는 노력을 한다는 것 자체가 중요하다. 앞으로 나아가는 노력을 하는 행위 자체가 인생을 빛나게 만든다. 차례차례 목표를 찾아낼 수 있다면 꿈은 필요하지 않다.

인생의 의미란 무엇일까? 여러 의견이 있겠지만, 나는 '즐기는 것이 곧 이기는 것'이라고 생각한다. 꿈이든 목표든 앞으로 나아가기 위해 노력하는 과정을 즐길 수 있다면 그것이 바로 가치다. 꿈이 더 중요하다든지 하는 것은 전혀 없다. 꿈이든 목표든 어차피 인생을 즐기기 위한 수단에 불과하다.

이렇게 말하면 목표는 규모가 커야 한다거나 근사한 것이 아니면 안 된다고 여기고 받아들이지 않는 사람도 있을 것 같다. 확실히 말해두겠다. 목표는 뭐든지 좋다. 당신이 실현하고 싶은 것이라면 누가 뭐라 해도 가치가 있는 목표다.

남이 어떻게 생각하고 무슨 말을 하든 관계없다. 남들이 납득할 만한 목표를 내건다고 남들이 달성해주는 것도 아니지 않은가! 자기 본심에 따라 목표를 세우는 것이 중요하다.

'인기 있고 싶다!'든지 '부자가 되고 싶다!'처럼 욕망과 직결되

남들 신경 쓸 것 없이,

자신의 욕망을 채우기 위해서 목표를 세우는 것이다.

어 있는 목표면 충분하다. 사실 이런 것이 최고의 목표다. 욕망을 채워가는 것 이상으로 인생을 즐겁게 보내는 방법은 없다. '여자친구를 행복하게 만든다!'든가 '취미를 직업으로 삼고 싶다!' 같은 목표도 훌륭하다. 목표에 귀천은 없다. 남의 바람을 이루기 위해 목표를 세우는 것이 아니다. 자기 자신의 욕망을 채우기 위해서 목표를 세우는 것이다. 남들 신경 쓸 것 없이 생각한 대로 목표를 세우면 된다.

그러니 이래저래 핑계대지 말고 뭐든 목표를 가져라. 이유는 지금까지 이야기한 대로다.

갑자기 이런 말을 들으니 허들이 높다고 느껴질 수도 있겠다. 그래도 꿈을 이루라는 말보다는 꽤나 편하게 느껴지지 않는가? 꿈은 마라톤 풀코스와 같은 것이다. 도전하기 전부터 공포가 느껴질 정도의 장거리다. 처음에는 기세 좋게 나아갈 수 있더라도 점차 육체적, 정신적인 피로와 더불어 '대체 무엇을 위해 뛰고 있지?'처럼 멘탈도 확확 깎여간다.

반면에 목표는, 말하자면 단거리 혹은 중거리다. 아니, 경우에 따라서는 근처 산책 혹은 조깅 수준의 목표도 있다. 굳이 '자, 달려볼까!'처럼 기합을 넣지 않아도 '잠깐 근처 편의점에 다녀올까?' 같은 가벼운 마음으로 시작하면 된다. 어찌 됐든 첫 한 걸음을 내딛는 것이 중요하다.

자, 지금 이 순간을 기념할 첫걸음을 내딛어보자.

✚ POINT ✚

- 꿈이 없어도 목표가 있으면 인생을 즐길 수 있다.

- 목표를 향해 노력하는 과정이 중요하다.

- 목표는 뭐든 좋다. '인기 있고 싶다'든 '부자가 되고 싶다'든 상관없다.

행동이 먼저다

어찌 됐든, 일단 행동해야 한다. 여러 가지를 시도해보는 와중에 '이거다!' 싶은 목표를 찾게 되는 법이다. 예를 들어, '해보니 의외로 재미있다', '처음에는 별로였는데 정신 차리고 보니 완전히 푹 빠져 있었다' 같은 경험은 누구나 있을 것이다.

'웨이트 트레이닝이라니 도저히 무리다'라고 생각했던 사람이라도 헬스장 무료 이벤트 기간에 갔다가 운동에 완전히 푹 빠져버릴 수 있다. 마치 해외여행을 갔을 때 현지 사람을 동경해 '해외에서 일하고 싶다'는 생각이 들 만큼의 충격을 받을지도 모른다. 어찌 됐든 신경이 쓰이는 것이 있다면 하나하나 도전해보는 것이 좋다.

게다가 여기까지 읽은 다음 '좋았어, 한번 해볼까?' 하고 행동으로 옮기는 사람과 '어떡하지?' 하고 우물쭈물 망설이기만 하고 행

하지 않는다는 선택이 가장 나쁘다.
어찌 됐든,
해보는 것이다.

동하지 않는 사람과는 엄청난 차이가 벌어진다는 점도 적어둔다.

이 책을 읽고 있다는 것은 당신 마음속에 '달라지고 싶은 자신'이 있기 때문이다. 하지만 동시에 그것을 방해하는 '달라지는 것이 두려운 자신' 혹은 '달라지는 것이 내키지 않는 자신'도 존재하지 않는가?

물론이다. 그런 심정은 충분히 이해한다. 변화는 두렵고 귀찮다. 하지만 결단의 시기가 늦어지면 늦어질수록 점차 움직이기가 귀찮아진다. 이대로 마음속 어딘가에 불만을 느낀 채로 살아가고 싶은가? 나라면 그런 인생은 사양하겠다.

한 가지만 더 조언하겠다. 두 갈래 길이 있다면 험한 길을 택하라. 길이 험하다는 말은 그 길을 통과하려면 성장해야만 한다는 뜻이다. 즉, 험한 길을 통과하면 어쩔 수 없이 성장하게 된다. 따라서 험한 길이 바른 길인 경우가 많다. 길에서 헤매게 된다면 '힘들겠지?' 싶은 길을 택하라. '나라면 이쪽을 택하겠어' 쪽이 아닌 길을 택하는 것이다. 언제까지고 따뜻한 물에만 몸을 담그고 있으면 사람은 변하지 않는다. 한번 해보고 맞지 않는다 싶으면 그만두면 된다. 하지 않는다는 선택이 가장 나쁘다. 어찌 됐든 해보는 것이다.

목표만 찾으면 인생은 멋대로 나아가기 시작한다. 물론 처음부터 목표가 있는 것이 이상적이겠지만, 그렇지 않을 때도 있다. 안심해라. 목표란 이것저것 시도해보면서 발버둥치는 사이에 발견되는 법이니까. 꼼짝 않고 있어서는 절대로 찾아낼 수 없다. 움직여라!

✚ POINT ✚

- 신경 쓰이는 것이 있다면 하나하나 시도해라.

- 해보고 맞지 않는다 싶으면 그만두면 된다.

- 두 갈래 길이 있다면 험한 쪽을 택해라.

해보고 후회하는 경우는 없다

목표를 달성하는 과정은 즐거움과 더불어 매우 충실하게 시간을 보내는 기간이기도 하다. 이 과정에서 '내 인생 같은 건…' 하며 남의 인생 혹은 자신의 이상과 비교하며 비하해왔던 당신의 인생에 색채가 더해진다.

물론 목표를 향해 나아가다 보면 힘들 때도 있다. 노력에는 괴로운 시기도 따르기 마련이다. 하지만 끝마친 뒤에는 '역시 해보길 잘했어!' 하는 생각이 드는 법이다. 실제로 과거에 해왔던 노력을 다시 떠올려보기 바란다.

'의외로 즐거웠지.'

'그때의 내가 있었으니 지금의 내가 있구나.'

이런 점들이 많지 않은가?

예를 들면, 학창 시절이 그렇다. 공부와 동아리 활동 등 학생 나름대로 해야만 하는 일이 참 많았다. 특히 운동부 활동을 했던 사람은 대회나 시합을 위해 힘든 경험도 했을 것이다. 당시에는 괴로웠을지도 모르겠지만 지금 돌이켜보면 모두 좋은 추억으로 남아 있다.

사람이 힘을 내서 했던 일에 대해 후회하는 경우는 거의 없다. 오히려 편하면 편할수록, 혹은 아무것도 하지 않을수록 '내 잠재능력을 낭비하고 있다', '역시 했어야 했는데' 하고 후회하는 법이다.

뭐든 실제로 해보고 후회를 하는 경우는 드물다. 웨이트 트레이닝이 그렇다. 웨이트 트레이닝이 아무리 좋다고 해도 일이 늦거나 피곤하다는 이유로 하고 싶지 않을 때가 있다.

내 경우는 하체 트레이닝을 하는 날이 유독 힘들다. 다른 웨이트 트레이닝을 할 때는 근육이 먼저 비명을 지르지만, 하체 트레이닝을 할 때는 멘탈이 먼저 비명을 지른다. 엄청나게 힘들다는 것을 알기 때문에 아무래도 지레 겁을 먹게 된다. 그때만큼은 '당장 100만 원을 준다 해도 못 하겠다'는 생각마저 들 정도다.

그러나 실제로 해본 뒤에 '역시 그만했어야 했어'라고 생각한 적은 단 한 번도 없다. 그보다는 '빼먹지 않아서 다행이야', '아주 상쾌한데?'라는 생각만 들 뿐이다. 괴로움 뒤에 맛보는 보람

해보길
잘했어
목표
달성!!
힘들면 힘들수록
달성감은 커진다.

이나 달성감이기 때문에 가치가 더해진다. 힘들면 힘들수록 달성감은 커진다는 점을 기억해두자.

샤워도 마찬가지다. 고된 업무로 피곤에 찌들어 샤워하고 싶지 않다가도, 정작 샤워를 하고 나면 상쾌하지 않던가. 샤워를 해서 상쾌한 상태로 '아, 역시 샤워하지 말고 잤어야 했어'라고 후회한 적 있는가? 할까 말까 고민된다면 일단 해라. 그게 정답이다.

만약 당신이 '내 인생은 이대로 괜찮은가'라든가 '뭔가 이상한데'라고 생각하고 있다면 행동이 부족하다는 증거다. 행동은 목표로부터 생겨난다. 지금 당장 목표를 찾아내기 위한 노력을 해라. 목표만 있으면 행동이 생겨나고, 행동하면 후회할 틈이 없을 만큼 인생이 즐거워질 테니 말이다.

✚ POINT ✚

■ 사람이 힘을 내서 했던 일에 후회하는 경우는 거의 없다.

■ 망설여진다면 그냥 해라.

■ 불만은 행동이 부족하다는 증거다.

눈앞의 목표가 당신을 즐겁게 만든다

만약 당신이 '아, 오늘은 한가하다'든가 '할 게 아무것도 없어' 같이 생각한 적이 있다면 그것은 목표를 찾아내지 못한 상태다. 눈앞에 해야 할 일이 있다면 시간 때우기와 같은 개념은 사라지고 흘러가는 시간이 점점 아쉬워질 테니 말이다.

나도 시간이 조금 비면 근육을 위해 낮잠을 자거나, 웨이트 트레이닝 시간을 확보하기 위해 간단한 업무를 갈무리해둔다. 목표만 찾는다면 옆에서 봤을 때는 농땡이치고 있는 것으로밖에 보이지 않는 '낮잠'이라는 행위조차 숭고한 솔루션이 된다. 낮잠은 체력 회복과 성장호르몬 분비를 촉진하고, 무엇보다 근육에 매우 좋다. 행동 하나하나마다 의미를 부여할 수 있다.

그렇다. 인생이 따분하다든가 즐겁지 않다고 생각하는 사람이라도 목표만 찾으면 인생은 유의미한 것으로 확 바뀐다.

여행 일정이 정해졌다면 여행하는 도중에도 물론 즐겁지만

여행 계획을 세우고 있을 때가 더 두근거린다.

착각하고 있는 사람이 많은데, 하이라이트는 목표를 달성했을 때가 아니다. 해결하기 위해 힘을 내는 과정, 이것저것 알아보고 아이디어를 짜내는 과정과 같은 시간이야말로 가장 즐겁고 인생을 풍요롭게 만든다.

여행 일정이 정해졌다면 여행하는 도중에도 물론 즐겁지만 여행 계획을 세우고 있을 때가 더 두근두근했던 적은 없는가? 이사를 갈 때 '여기에 TV를 놓자'든지 '베란다에 테이블을 놓고 매일 아침 우아하게 커피를 마시자'와 같이 즐거운 상상을 하다 보니 어느새 한 시간이 훌쩍 지나 있다거나 한 적은 없는가? 갖고 싶은 것을 사기 위해 돈을 모으는 기간이 가장 즐거워서 정작 샀을 때는 2, 3일 만에 질려버렸던 경험은? 그렇다. 때로는 목표보다 과정이 더 중요하기도 하다.

만약 설정한 목표가 웨이트 트레이닝이나 다이어트라면 기분 좋은 변화를 하나하나 느낄 수 있다. 땀 흘린 만큼 효과가 나오는 상황은 사람이 노력을 계속하기 위해 필요한 엄청나게 커다란 에너지가 된다.

이상적인 자기 모습에 조금씩 가까워지는데 노력이 즐겁지 않을 수가 있겠는가. 자신을 좋아하게 되면 될수록, 성장을 느끼면 느낄수록 즐거워서 견딜 수 없을 것이다.

‘인기남’이 목표라고 치자. 인기를 얻기 위해 패션 센스를 갈고닦았더니 여성에게서 더할 나위 없는 호평을 받게 되었다고 치자. 더더욱 갈고닦아지고 싶어지지 않겠는가? 이참에 몸도 제대로 한번 만들어볼까? 영어를 하면 더 인기가 생길 테니 영어도 해볼까? 이렇게 새로운 목표도 많이 찾게 될 것이다. 어쩐지 두근두근하지 않은가? 목표를 뛰어넘을 때마다 이상적인 자기 모습에 가까워지고 점차 자신을 좋아하게 된다.

이처럼 목표를 해결해가는 과정이 가장 즐거우며, 그때의 즐거움은 무엇과도 바꿀 수 없다. 자신의 인생을 통해 마치 롤플레잉 게임을 하는 것과 같다. 물론 주인공은 바로 당신이다.

✚ POINT ✚

- 행동 하나하나에 의미를 부여해라. 비록 낮잠이라도.
- 하이라이트는 목표를 이루었을 때가 아니다. 힘을 내는 과정이 가장 즐겁다.

작은 목표로 멘탈을 단련한다

목표를 달성해가는 과정은 스킬과 멘탈이라는 측면에서 당신을 강하게 만들어준다.

스킬에 관해서는 굳이 설명이 필요 없을 것이다. 예를 들어, 영어에 관한 목표라면 당연히 스킬이 올라가고 결과적으로 목표에 도달하지 못하더라도 예전의 자신보다는 확실히 발전해 있게 된다.

그리고 멘탈이다. 목표를 해결해가는 과정은 곧 한 걸음씩 착실히 성장해가는 과정이기도 하다. '내가 뭐 대단한 능력이 있는 것도 아니고…' 하고 생각했던 사람도 '해보니까 된다'와 같은 경험을 얻을 수 있다. 이는 틀림없는 성공 체험이다.

성공 체험이라고 하니 뭔가 대회에 나가 우승하거나 상을 타는 것처럼 사회에서 인정받을 법한 일을 떠올릴 수도 있겠다. 하지만 목표를 달성하는 것, 정확하게는 성장하는 것 역시 멋진 성공 체험이다.

게다가 아무리 사소한 성공 체험이라도 다음번에 뭔가 도전할 때 엄청나게 강력한 아군이 되어준다. 이것을 할 수 있었으니 저것도 할 수 있을 것이다. 저것을 할 수 있었으니 이것도 할 수 있을 것이다. 누워서 떡 먹기 아닌가! 이처럼 당신의 자신감과 멘탈이 눈덩이가 불어나듯 강해지고 커져가는 식이다.

작은 성공을 통해 얻은 자신감을 담보로 더욱 커다란 성공에 도전하는 것. 이런 과정을 반복하는 동안에 당신은 엄청난 속도로 성장한다.

나는 평소에 '웨이트 트레이닝은 성공 체험을 얻을 수 있는 가장 현명한 행위'임을 강조한다. 웨이트 트레이닝은 제대로만 하면 확실히 결과가 뒤따르기 때문이다.

이제껏 제대로 된 운동을 해오지 않았던 사람이나 70대 어르신이라도 웨이트 트레이닝 프로그램과 식사, 수면만 제대로 조절한다면 근육이 붙는다. 노력은 절대 배신하지 않는다. 근육은 사람이 뭔가를 시작하는 데 너무 늦은 때는 없다는 진리를 가르쳐준다.

근육은 절대 배신하지 않는다. 웨이트 트레이닝을 함으로써 성공을 체험할 수 있고, 더구나 이를 실시간으로 체감할 수 있다. 거울을 볼 때마다 자신의 몸이 달라져 있으니 말이다! 들어 올릴 수

작은 성공을 통해 얻은 자신감을 담보로

더욱 커다란 성공에 도전하는 것

있는 무게도 늘어난다. 이보다 더 알기 쉬운 성장이 또 있을까.

현실에서는 노력했다고 반드시 결과가 뒤따른다고는 단정할 수 없다. 경쟁상대가 남이라면 재능의 차이나 운, 타이밍이라는 요소도 있다. 하지만 웨이트 트레이닝은 자신과의 싸움이므로 확실하게 성공 체험이나 성장을 얻을 수 있다.

더불어 도파민이나 테스토스테론, 세로토닌 등 호르몬이 분비되면서 활력이 높아지고 스트레스 해소에도 도움이 된다. 육체적으로 강해지는 것은 물론이고 자신감으로도 이어진다. '어디 가서 붙어도 이기겠는데?'라고 생각함으로써 여유가 생기고 정신은 차분해진다. '여차하면 내가 힘으로 이겨주지'라고 생각하니 불편한 상사 혹은 거래처의 설교나 불만에도 부처님의 마음으로 견딜 수 있다.

여유와 정신적 안정은 자신감에서 생겨난다. 여기 적은 내용은 내가 전 국민에게 웨이트 트레이닝을 권장하는 이유 중 극히 일부다. 제대로 마음먹는다면 앞으로 8만 자는 더 쓸 수 있다.

✚ POINT ✚

- 작은 성공 체험의 축적이 멘탈을 강하게 만든다.
- 멘탈은 눈덩이가 불어나듯 강해진다.

큰 것은 언제나 옳다

설정하는 목표의 크기에는 제한이 없다. 오히려 나는 큰 목표를 갖는 편이 좋다고 생각한다. 커다란 목표는 나아가야 할 방향을 제시해주는 나침반 역할을 하며, 동시에 동기부여를 유지하는 데도 큰 도움이 된다.

목표를 세울 때는 할 수 있느냐 없느냐를 따져서는 안 된다. 하고 싶은가 아닌가로 따져야 한다. 커다란 목표라고 주눅 들어서는 안 된다.

커다란 목표가 있으면 그 커다란 목표를 달성하기 위한 작은 목표를 얼마든지 찾을 수 있다. 해야 할 일 목록이 단번에 채워지면서 굳이 목표를 찾을 필요가 없어진다.

본인의 현재 위치와 커다란 목표를 점으로 이은 다음 거기서부터 역으로 계산해가면 무엇을 해야 할지가 저절로 보일 것이

세계를 평화롭게!
목표를 세울 때는
할 수 있느냐 없느냐를 따져서는 안 된다.

다. ‘뭘 해야 하지?’ 하고 헤매는 시간이 완전히 없어진다. 나아가야 할 방향, 시간을 활용할 방법이 단숨에 명확해지면서 매일의 생활이 의미를 갖게 된다.

커다란 목표는 당신에게 최고의 동기가 된다.

목표를 향해 노력하는 것이 즐겁다고는 하지만, 역시 의욕이 생기지 않거나 컨디션이 나쁘다는 이유로 포기해버리고 싶어질 때도 있다. 당연한 현상이다. 인간은 편하게 있고 싶어 하는 생물이니까. 이때 커다란 목표가 나설 차례다.

예를 들어, ‘연봉 2억’이라는 커다란 목표가 있다고 치자. 그러면 2억 원으로 할 수 있는 일을 상상해보는 것이다. 나만의 아지트나 외제차, 고급 손목시계 등을 살 수 있고, 여성에게도 인기가 생기며, 사고 싶었던 물건을 마음껏 지를 수 있다고 생각하면 의욕이 흘러넘칠 것이다.

‘이 작업이 끝나면 과자 먹어야지’라든지 ‘이 프로젝트가 마무리되면 배 터지게 소고기 먹으러 가야지’와 같은 포상으로 자신에게 동기부여하는 원리와 마찬가지다. 커다란 목표는 당신의 가장 강력한 동기 중 하나다.

의욕이 생기지 않거나 농땡이치고 싶을 때는 ‘목표를 달성하고 좋은 기분을 느껴보고 싶지 않아?' 하고 스스로 질문을 던져 보자. 목표가 명확하지 않으면 이런 '좋은 기분'조차 떠올릴 수 없기 때문에 의욕을 유지하기도 어려워진다. 희망과 보상만 주어진다면 인간은 그 어떤 힘든 일도 견딜 수 있는 생물이다.

✚ POINT ✚

- 목표는 자신이 나아가야 할 방향을 제시해주는 나침반이다.

- 커다란 목표를 찾는다면 작은 목표는 얼마든지 찾을 수 있다.

- 목표는 동기부여가 된다.

커다란 목표가 없다면 일단 작은 목표부터

커다란 목표를 갖는 장점은 이제 이해했으리라 본다. 하지만 이런 말을 들었다고 갑자기 커다란 목표가 쉽게 생기지는 않을 것이다. 전혀 문제될 것 없다. 앞의 글과 모순되는 내용 같겠지만, 당장 커다란 목표가 없어도 아무 문제없다.

처음에는 작은 목표부터 달성해가면서 자신감과 실력을 키우면 된다. 목표는 행동하는 사이에 차례차례로 찾아지는 법이다. '꿈이 없으면 행동으로 옮길 수 없다', '커다란 목표가 없어서 지금은 아무 생각 없이 보낸다' 만큼 최악의 시간 사용법도 없다. 아주 최악이다. 어찌 됐든 뭐라도 좋으니 일단 해보는 것이 중요하다.

이것저것 따지지 말고 재빨리 작은 목표를 찾아낸 다음, 목표 달성을 위해 열심히 하는 것이 중요하다. 엄청난 아이디어를 갖고 있더라도 그것만으로는 아무런 가치가 없다. 행동이 동반되지 않으면 그 어떤 아이디어나 기발한 해결책, 목표도 아무런 의미가 없다. '커다란 목표를 가졌지만 아무런 행동도 하지 않는 사람'과 '작은 목표라도 행동하는 사람' 사이에는 하늘과 땅만큼의 차이가 난다. 목표든 꿈이든 성공하느냐 실패하느냐는 결국 행동력이 판가름한다. 움직이지 않으면 아무것도 시작되지 않는다.

행동력이라는 의미에서 봤을 때, 동기부여가 사라진 경우 '어떻게 계속 행동할 수 있느냐'라는 문제가 중요해진다. 여담으로 좋은 방법을 소개하고자 한다.

동기부여가 사라진 경우는 피곤하거나 생각만큼 성장하지 않았을 때다. 그럴 때는 비장의 수단으로 자기 형편에 맞춰 상황을 해석해보기 바란다.

오랫동안 계속해왔는데도 실패했다면 '실패는 성공의 어머니'라고 생각한다든지, 생각만큼 성장하지 않았다면 '신이 내게 시련을 주는 것이다'라고 생각해보라. 묘하게도 의욕이 생겨난다.

그 밖에도 '지금은 엄청나게 힘들지만 여기서 계속해야만 남들과 차이가 생긴다', '운명은 내 손으로 개척하기 위해 존재하는 것이다', '에이스는 나중에 등장하는 법' 등이 있다. 그때그때

어찌 됐든 뭐라도 좋으니 일단 해보는 것이 중요하다.

상황에 따라 자기 형편에 가장 잘 맞는 생각을 하면서 계속해가
면 된다.

나 역시 인생 방침이 자주 바뀐다. '내 성공은 절대 바뀌지 않
을 운명'이라며 운명을 신봉하는 발언을 했나 싶다가도, 운명의
장난 같은 일이 벌어지면 '운명, 알 게 뭐야. 운명은 내 손으로
개척한다!' 하며 운명을 부정하기도 한다. 요컨대 그때그때마다
자기가 계속 달려갈 수 있게끔 해주는 가장 효과적인 생각을 적
용하면 그만이다. 정답은 없다.

✚ POINT ✚

- 처음에는 무리하지 말고 눈앞에 놓인 작은 일부터 착수해라.
- 매일을 아무 생각 없이 보내는 것은 금물이다.
- 뭐든 자기 형편에 맞게 생각해라.

뭐든 스스로 결정해라
어차피 내 인생이다

무엇을 목표로 삼든 상관없지만 반드시 지켰으면 하는 것은 있다. 목표는 자기 자신이 결정해야 한다는 점이다.

나는 고등학교 시절 홀몸으로 미국에서 유학했다. 부모가 시킨 것이 아니라 스스로 결정한 일이었다. 대부분의 유학생이 향수병에 걸리거나 기껏 머나먼 이국땅까지 가서 결국 자기네 나라 사람들끼리만 몰려다니는 것은 흔히 접하게 되는 유학 경험담이다. 하지만 나는 좌절하거나 도망치고 싶은 적이 없었다. 가장 큰 이유는 미국 유학을 '스스로' 결정했기 때문이다.

스스로 결정했으니 물러설 수 없거니와 변명도 허락되지 않는다. 스스로 내린 결정을 포기하는 것이 가장 꼴사납다. 내 신념이 이를 결코 용서하지 않았고, 애초에 고생길이 훤하리라는

역시
최종 결론은
당신 스스로
정하기 바란다.

그저 그런
인생을
살고 싶지
않다면
말이다.

점을 아주 잘 알고 있었기 때문에 어찌 됐든 해나갈 수밖에 없었다. 나처럼 스스로 각오를 다지면 좋은 의미에서는 자신을 채찍질할 수 있다.

반대로 부모가 시켜서 하는 패턴도 흔한데, 이는 실패의 지름길이다. 스스로 결정하지 않았으니 아무래도 응석을 부리게 되고 변명의 여지가 생긴다. 목표를 달성하거나 뭔가를 완수해가는 중에는 '고비' 혹은 조금만 더 힘을 내면 성장할 수 있는 '승부처'를 만난다. 하지만 '왜냐하면 부모가 결정했으니까'라는 변명거리가 있다 보니 정작 중요한 시점에 힘을 낼 수 없다. 그러다가 실패하면 부모를 탓한다. 이것을 어리광이 아니면 뭐라고 부르겠는가. 장기적으로 봤을 때 스스로 결정한 사람과 부모가 결정해준 사람 사이에는 엄청난 차이가 생긴다.

부모의 의견이나 조언을 무시하라는 뜻이 아니다. 부모의 말에 일리가 있는 것도 사실이다. 예를 들어, '좋은 대학에 들어가라'라는 말은 취업을 위한 혹은 훗날의 선택지를 넓혀두기 위한 좋은 조언이다.

다만 부모의 말이 전부인 것도 아니다. 시대에 따른 변화가 있기 때문에 부모가 권하는 직종이 반드시 최선의 선택지라고는 할 수 없다. 참고를 하되, 어디까지나 최종 판단은 스스로 내려야 한다.

물론 '책에서 그렇게 말했으니까'라는 생각도 부모가 시킨 대로 하는 것과 마찬가지다. 역시 최종 결론은 당신 스스로 정하기 바란다. 남들이 시킨 대로밖에 하지 못하는, 궤도 위로만 달릴 수 있는 '그저 그런' 인생을 살고 싶지 않다면 말이다.

✚ POINT ✚

- 목표는 스스로 정해라.
- 목표를 스스로 정함으로써 변명을 할 수 없는 상황을 만들어내라.

세 가지를 동시에 시작하면
최단거리로
달릴 수 있다

노력한 시간은 당신을 배신하지 않는다. 따라서 노력을 오래 지속시키는 것이 중요하다. 지속이 힘이다. 이를 위한 효과적인 방법이 몇 가지 있는데, 비장의 수단을 하나 전수하고자 한다.

바로 '세 가지를 병행해서 진행하는 것'이다.

'한 가지 목표 해결도 어려운데 갑자기 세 가지를 하라고?'라며 당혹스러울지도 모르겠다. 하지만 사실 이 방법이 성장을 가장 쉽게 실감할 수 있으면서 동기부여 향상에 효과적이다.

인간은 의지가 약하기 때문에 노력해도 생각만큼 성과가 오르지 않으면 서서히 의욕을 잃어버린다. 그러나 세 가지를 병행하면 한 가지가 정체되더라도 반드시 어느 한쪽은 성장하는 법이다.

예를 들어, 업무는 잘 풀리지 않지만 웨이트 트레이닝에서는 들어 올릴 수 있는 무게가 올라갔을 수 있다. 웨이트 트레이닝이 슬럼프에 빠져도 영어 단어는 순조롭게 외워질지도 모른다. 이처럼 목표가 세 가지나 되면 항상 최소한 어느 한 가지는 발전하고 있기 때문에 정체기도 견뎌낼 수 있다. 성장하고 있는 항목에 시간을 많이 사용하고 정체 중인 항목에는 최소한의 시간을 사용한다. 이 방법을 통해 계속을 유지하면서도 시간을 가장 효과적으로 투자할 수 있다.

세 가지 병행이 시간적으로 힘들다고 생각할 수도 있는데, 오히려 바로 그런 점이 이 방법의 핵심이다. 한 가지에 투자하는 시간이 줄어들면 자연히 효율적인 시간 사용법을 궁리하게 되면서 낭비가 줄어들기 때문이다. 무엇보다 질리지 않는다. 같은 것을 세 시간 할 때는 집중력이 지속되지 않지만, 세 가지를 세 시간에 할 때는 집중력이 지속된다.

'세 가지의 목표라…'라며 선택을 헤맬지도 모르겠다. 꼭 하고 싶은 것을 찾아내면 좋겠지만, 딱히 떠오르지 않는다면 −'또?' 싶겠지만− 웨이트 트레이닝이나 영어를 추천하고 싶다. 기왕 노력해야 한다면 살아가는 데 도움이 될 법한 일을 시도해보라. 이 또한 마음에 새겨두면 더욱 효율적으로 사고할 수 있게 되는 한 가지 방법이다.

좋아서 하는 일이 정답이다

목표를 설정할 때 '좋아하는 것'을 고르는 사람이 많을 것이다. 축하한다! 뭔가를 좋아한다는 마음은 신이 준 선물이기 때문이다.

'좋아함'이나 '즐거움'이라는 감정은 성장을 위한 매우 강력한 기폭제가 된다. 모처럼 당신의 천부적인 재능을 알기 쉽게 가르쳐주고 있으니 그 길로 정하면 된다.

어린 시절을 떠올려보자. 좋아하는 것에 대해서 어느새 'ㅇㅇ 박사'라고 불릴 만큼 지식을 쌓았다거나 특출하게 잘하는 분야가 분명 있었을 것이다. 남들이 봤을 때는 공부나 노력을 했을 것 같지만, 정작 본인은 열중하면서 하는지라 노력을 노력이라고 여기지 않았을 것이다. 그렇게 노력한 시간은 당신을 배신하지 않는다. 열중하는 것은 최강의 목표 달성 방법이다. 좋아하

자는 시간이
아까울 정도의
목표가 있다면,

남이
무슨 말을 하든
그 길을 포기해서는
안 된다.

는 일에 몰입해 즐겁게 하고 있는 사람은 시간을 잊은 채로 하고 있기 때문에 '전문 분야라서 하는 사람'이나 '재능 있는 사람'을 확실히 능가한다.

이는 아이에게 국한된 이야기가 아니다. '좋아서 하는 일이 곧 숙달하는 길이다'라는 격언이 딱 맞다. '좋아하는 것'이 지닌 잠재력은 헤아릴 수 없다. 노력하는 과정에 때로는 도망치고 싶어질 만큼 괴로운 상황도 기다리겠지만, '좋아함'이라는 기분이 당신을 꽉 붙들어 매줌으로써 성장이라는 궤도에서 벗어나지 않게 해준다. 자는 시간도 아까울 정도의 목표가 있다면, 남이 무슨 말을 하든 그 길을 포기해서는 안 된다.

더구나 요즘은 좋아하는 일을 직업으로 삼기 쉬운 시대다. 누구나 그렇게 할 수 있는 것은 아니지만, 그렇다고 해서 극소수의 연줄을 가진 사람이나 최상층의 사람들만 활약할 수 있는 시대는 진즉에 끝났다.

지식을 원하는 사람에게는 인터넷이 무료로 무한정적인 지식을 제공해준다. 그렇게 얻은 지식을 공유하고 싶을 때는 최강의 업로드 도구인 트위터나 페이스북, 인스타그램 같은 소셜미디어를 무료로 사용할 수 있다. 좋아하는 것을 추구해가기만 한다면 돈벌이가 될 가능성은 전례가 없을 만큼 높아진 시대가 되었다.

참고로 똑같은 '좋아함'이라는 감정이라도 자신이 성장하고 있는 것 자체를 좋아하게 되는 패턴이 있다. 영어든 웨이트 트레이닝이든 취미든, 어떤 분야가 됐든 성장해가는 것이 즐거워서 견딜 수 없다는 상태다. 성장 중독에 빠지면 당신의 능력은 비약적으로 상승해갈 것이다.

➕ POINT ➕

- '좋아함'이나 '즐거움'은 성장을 향한 강력한 기폭제다.
- '좋아함'이나 '즐거움'은 재능이다.
- SNS를 철저하게 활용해라.

헤매도 좋고, 목표가 바뀌어도 좋다

목표를 향해 힘을 내다보면 아무래도 헤매게 될 때가 있다. '이 목표로 괜찮을까?'라든지 '실은 더 해야 할 일이 있는데' 등등. 하지만 안심하기 바란다. 신경 쓸 필요가 전혀 없으니까. 목표는 늘 바뀌는 법이다. 목표가 달라진다고 해서 의지가 약한 것은 아니다.

사람은 늘 성장하고 새로운 깨달음을 얻기 때문에 목표가 달라지는 것은 자연스러운 현상이다. 오히려 언제까지나 예전 목표만 붙들고 늘어지는 시간이 아깝다. 성장했기 때문에 보이게 되는 경치 혹은 현재 당신이 모르는 세계도 많다. 새로운 목표를 찾았다면 낡은 목표는 후딱 버리고 새로운 목표를 향해 노력하면 된다. 다만 노력이 싫어졌다든지 놀고 싶어서 같은 후진적인 이유로 목표를 쉽게 버려서는 안 된다. 어디까지나 새로운 목표를 찾았을 때처럼 긍정적인 이유일 경우의 이야기다.

예를 들어, 연봉 3,000만 원을 받는 사람이 '연봉 2억 원'이라는 목표를 설정했다고 치자. 연봉이 3,000만 원일 때는 보이지 않았던 경치나 비즈니스의 본질이 연봉 8,000만 원 정도가 되었을 때 비로소 보이게 되는 경우가 있다. 그렇게 되면 목표를 세우는 방법이나 목표의 설정 방식에도 변화가 생긴다. 그때는 좀 더 현실을 직시하고 목표를 바꿀 필요가 있다.

목표가 바뀐다는 것은 더 많은 경험을 쌓아왔으며 성장했다는 증거이기도 하다. 오히려 '한 번 정한 목표는 무슨 일이 있어도 지켜야만 한다'처럼 고집하는 태도는 신중히 다시 생각해볼 일이다.

직장의 경우 취직하고 얼마 안 되어 그만둬 버릇하면 이직 활동에 지장이 생기거나 인사담당자에게 '이 사람은 인내력이 없다'는 인상을 줄 가능성도 있다. 하지만 목표라면 누구에게도 알려질 일이 없다. 너무 단기간에 이리저리 목표를 바꿔버리면 아무것도 얻을 수 없으므로 좋지 않지만, 목표를 바꾸는 것이 나쁜 일은 아니라는 점은 기억해두기 바란다.

목표를 바꾸는 것은 아무런 문제가 없지만, 곧장 대담한 행동

새로운 목표를 찾았다면

낡은 목표는 버리고

새로운 목표를 향해 노력하면 된다.

을 취하는 데는 주의가 필요하다. 예를 들어, 갑자기 회사를 그만두고 창업하는 식의 위험을 감수할 필요는 없다. 만약 창업이나 독립을 하겠다면 우선 본업을 하면서 혹은 사적으로 비는 시간을 활용해 부업 차원으로 한번 해보기 바란다. 거기서 뭔가 얻는 것이 있다거나 최소한 살아갈 수 있는 수입을 확보할 수 있게 된 뒤에 다음 단계로 넘어가야 한다. 전략적이고 현명하게 살아가자.

╬ POINT ╬

- 목표는 항상 바뀌는 법이다. 한 번 정한 목표를 고집할 필요는 없다.

- 목표가 바뀌는 것은 자신이 성장했다는 증거다.

- 편한 길로 흘러가는 것은 좋지 않다.

'이 행동의 목적은 뭐지?' 하고 스스로 되물어라

목표를 찾았다면 남은 것은 최단거리로 목표를 달성하기 위한 행동뿐이다. 이때 도움이 되는 방법을 소개한다. 하루에 몇 번이 됐든 본인의 행동에 대해 '이 행동의 목적은 뭐지?' 하고 자문자답하는 것이다. 자문자답에 제대로 대답할 수 없다면, 그것은 목표 달성에 불필요한 쓸데없는 행동이다.

단순히 스마트폰 게임을 한다고 쳐도 '스트레스를 해소하기 위해서'라든가 '인기 게임의 트렌드를 알아보기 위해서'라는 목적이 있다면 그 행동은 목표 달성을 위해 필요한, 훌륭한 노력의 일부다. 하지만 '시간 때우기'라든지 '그냥 아무 생각 없이'라면 그 행동은 시간 낭비다. 하루는 24시간뿐이다. 쓸데없이 시간을 흘려보낼 틈이 없다. 자문자답을 통해 쓸데없는 시간을 찾아내어 점차 줄여나가자.

이렇게 말하면 '그럼, 웨이트 트레이닝에는 무슨 목적이 있는데!' 하고 생각할지도 모르겠다. 마침 잘 질문했다!

내가 웨이트 트레이닝을 하는 이유는 스트레스 해소, 체력 향상, 투쟁심 유지, 노화 방지, 살찌지 않는 몸만들기, 인맥 형성, 건강관리, 미용, 인기가 생기니까, 즐거우니까, 근육에 향한 순수한 애정… 얼마든지 대답할 수 있다. 오히려 나야말로 '어째서 당신은 웨이트 트레이닝을 하지 않는가?'에 대해 한 시간가량 인터뷰를 하고 싶을 정도다.

이처럼 목적이 있다면 뭐든 쓸데없는 행동은 없다. 목적만 확실하게 있다면 뭐든지 좋다. 반대로 집에서 빈둥대거나 시간 때우기로 스마트폰 게임을 하는 시간, 특히 그것이 한 시간을 넘겨버리는 식이라면 시간 낭비일 가능성이 매우 높다. '지금은 휴식 시간이다'라는 목적을 갖고 적당한 선을 지키면서 한다면야 상관없지만, 그렇지 않은 경우라면 목적 달성에 방해가 되므로 주의하기 바란다. 자제심이 없으면 목적 달성은 어렵다.

✚ POINT ✚

- '이 행동의 목적은 뭐지?'이라는 자문자답에 대답이 나오지 않는다면, 그것은 쓸데없는 행위다.

- 낭비되는 시간을 찾아내어 점차 줄여나가라.

목적이 있다면
무엇이든
쓸데없는 행동은
없다.

목표를 정하는 데
주위의 시선은 필요 없다

나는 일본에서 태어나 자랐고, 고등학교 시절을 미국에서 보냈으며, 지금은 아시아의 모 대도시에서 사업을 하고 있다. 여러 국가 출신 사람들을 만나고 다양한 문화를 접하면서 한 가지 깨달은 것이 있다. 우리들은 남의 시선이나 남이 어떻게 생각할지를 지나치게 의식하는 경향이 있다는 점이다.

팀플레이가 요구되는 직장에서 있는 그대로의 자기 모습을 관철하려는 태도는 사회인으로서 실격이다. 하지만 목표를 설정할 때는 남의 시선을 신경 쓸 필요가 전혀 없다. 그런 마음가짐은 오히려 방해만 될 뿐이니 자기가 좋아하는 대로 하면 된다.

남의 시선을 신경 쓰면서 세운 목표는 타협된 목표와 마찬가지다. 그 목표를 달성하면 체면치레는 하고 나쁘게 눈에 띌 일은 없을지도 모른다. 하지만 이런 방식으로 진정한 의미에서 '되

뭐든지
씹지 않고서는
입에 가시가 돋치는
한심한 인간들은
내버려둬라.

어차피
내 인생이다.

고 싶은 자신의 모습'이 될 수 있느냐고 묻는다면, 대답은 '아니다'다.

지금 이 책을 읽고 있는 독자 중에는 마음속에 '찜찜한 기분'을 품고 있는 사람이 많으리라 생각한다.

'어찌어찌 지금 일은 하고 있지만, 정말 이걸로 괜찮은지는 모르겠어.'

'원래 이럴 계획은 아니었는데.'

혹시 이와 같은 종류의 생각은 아닌가? 사실 그런 고민을 만들어내고 있는 원흉이 자신보다 남의 시선이나 체면치레를 우선시해왔다는 증거다. 주위의 시선을 신경 쓰면서 목표를 세워봤자 여태까지와 똑같은 결과만 기다리고 있을 뿐이다.

당신의 인생은 당신의 것이다. 주인공은 당신이고 남들은 어차피 다 조연이다. 남의 시선만 신경 쓰면서 '남들 속의 나'를 연기하지 마라. 그러니 우선은 아무것도 신경 쓰지 말고 허풍을 떨어보자. 당신의 목표는 누군가에게 불만을 들을 일도, 무시당할 일도 없다. 애초에 누군가에게 말해줄 필요도 없다. 사실 당신이 생각하는 만큼 남들은 당신을 보고 있지 않고, 기대하고 있지도 않다. 이렇게 말하니 너무 각박하다고 느껴질지도 모르겠지만 당신도 그렇지 않은가? 옆 책상에 앉아 있는 동료가 무슨 목표를 세우고 있든 아무래도 상관없을 것이다. 혹시 당신의 목표에 이러쿵저러쿵 참견하는 사람들이 있는가? 그렇다면 그들은 뭐든지 씹지 않고서는 입에 가시가 돋치는 한심한 패거리다. 자신만 홀로 남겨지는 것이 두려워 남의 발목을 잡아끌고 있을 뿐이다. 그런 인간들은 내버려둬라. 어차피 내 인생이다. 본인이 납득 가는 목표를 내걸어보지 않겠는가?

➕ POINT ➕

- 목표 설정에 남의 시선은 관계없다. 자기가 좋아하는 대로 해라.

- 스스로 솔직해지지 않으면 결국 찝찝함이 남아 후회한다.

- 본인이 생각하는 만큼 남들은 당신을 보고 있지 않다.

당신이 즐거우면
주변 사람들도 행복해진다

목표를 설정함으로써 당신의 인생이 충실해지고 빛나기 시작할 것이라는 점은 이미 전했다. 하지만 그 파급 효과가 당신에게만 머물지는 않는다. 아니, 머물 줄을 모른다.

왜냐하면 행복이나 즐거움이라는 감정은 주변 사람들에게 확산되기 때문이다. 감정은 좋든 싫든 전염되는 법이다. 당신이 긍정적이라면 주위도 긍정적인 생각을 하게 된다.

이는 기분만의 문제가 아니다. 당신의 인생이 충실해지기 시작하며 상승을 지향하게 된다면, 꿈이나 목표를 마주하고 있는 친구를 당신은 자연스레 응원하게 될 것이다.

"우리 같이 힘내보자!"

"네놈도 힘을 내는데 나라고 질 순 없지!"

그런 커뮤니티에 있다 보면 기분도 좋아지는데다 성장이 안 될 수가 없다. 만약 당신이 침울해지거나 고민 때문에 끙끙 앓

당신의 친절함이 퍼져나가 행복의 총량이 늘어난다.

더라도 주위 분위기에 감화되어 '그래, 힘내볼까!' 하게 될 것이다. 참고로 그 전형적인 사례가 헬스장이다. '건강'이든 '다이어트'든 다들 뭔가 목표를 향해 힘을 내고 있다. 따라서 헬스장은 진정한 '힘'의 핫스팟이다.

즐거운 상태에서는 당신의 마음에 여유가 생겨난다. 남에게 친절을 베푸는 일도 많아질 것이다. 본인이 행복하지 않은데 남을 행복하게 만들 여유가 생길 리 있겠는가. 이는 가족이나 친구뿐만 아니라 생판 모르는 남에 대해서도 마찬가지다. 그렇게 친절을 베풀면 친절한 대우를 받은 쪽도 기뻐해주고 본인도 기분이 좋다.

"감사합니다"라는 말 한마디만 들어도 행복해지는 법이다. 당신의 친절함이 퍼져나가 친절한 대우를 받은 사람이 또 다른 사람에게 친절을 베풀지도 모른다. 그런 식으로 행복의 총량이 당신을 계기로 늘어난다. 그렇게 되면 당신 주위는 점차 행복해져 간다.

반대로 마음에 여유가 없으면 별 것 아닌 일에도 쉽게 흥분하거나, 일상에 숨어 있는 작은 행복을 감지해내지 못한다. 마음에 여유가 없으면 삶은 고단하기만 하다. 그러나 당신이 목표를

갖고 도전해간다면 스스로 자신감이 생기고 마음에 여유가 생겨
난다. 그런 기분이 주위를 행복하게 만든다.

아침에 기운 넘치게 "안녕하세요!" 하고 한마디 인사만 건네
도 그날 사무실의 분위기가 확 밝아진다. 목표를 갖게 되어 빛
나고 있을 당신은 인사도 긍정적일 것이다. 그런 긍정적 순환을
시작하는 첫 번째 인물이 되기 바란다.

✛ POINT ✛

■ 행복이라는 감정은 확산된다.

■ 긍정으로 주위를 채워라.

■ 마음에 여유를 가져라.

목표가 꿈을 가져다준다

지금까지 꿈을 찾을 수 없다는 당신에게 '목표'를 찾게끔 해왔다. 이 책을 통해 전하고 싶은 내용은 꿈에 사로잡혀 행동으로 옮기지 못하거나 고민하고 있을 바에는 무리하게 꿈을 가지지 않아도 된다는 것이었다. 아무리 작더라도 목표만 있으면 매일을 즐겁게 보낼 수 있고 성장도 느낄 수 있다. 물론 100% 달성한다고는 단정할 수 없다. 하지만 항상 목표가 있는 상태를 만들어두면 따분하지 않고, 힘을 내면 낼수록 자기 자신을 좋아하게 된다.

노력하고 있는 과정이 곧 자신을 좋아하게 되는 과정이다. 자기의 안 좋은 부분을 하나씩 없애고 좋은 부분을 하나씩 늘려가는 작업이기도 하다.

게다가 목표를 통해 성공 체험이나 노력의 소중함, 계속의 중요성 등 인생의 덕목을 즐기면서 터득할 수 있다. '노력 따위 헛수고다'라며 전혀 노력하지 않는 사람과 '노력은 즐겁다'고 여기며 매일 노력하는 사람. 어느 쪽의 인생이 멋질 것인지는 상상하기 어렵지 않다.

목표가 꿈과 가장 다른 점은, 되고 싶은 자신의 모습 혹은 진심으로 원하는 것을 더 구체적인 형태로 드러나게 한다는 데 있다. '이루고 싶은 꿈'이라고 하면 아무래도 추상적으로 느껴지거나 '인생의 의미'와 같은 거창한 것을 떠올리는 경향이 있다. 반면에 목표라면 욕망과 직결되어 있고 마음속 깊은 곳에서 원하는 현실적인 것을 설정하기 쉽다. 즉, 목표를 뛰어넘은 다음에는 정말로 되고 싶었던 자신의 모습이 되어 있을 가능성이 매우 높다.

어쩌면 당신도 꾸준하게 목표를 해결해가는 동안에 더욱 큰 목표가 보이게 될지 모른다. 승진을 위해 토익 공부를 하다 보면 해외에서 일하고 싶다는 생각이 들 수도 있다. 체형이 신경 쓰여 다이어트를 시작한 사람이라면 살을 빼는 동안에 다이어트 수준을 넘어 몸짱이 되고 싶다는 생각이 들 수도 있다. 이런 식으로 새로운 목표를 찾아내거나, 이직의 계기를 마련하거나, 취미가 생기는 등 환경이 크게 달라지는 사람도 있을 것이다.

노력하고 있는

과정이

곧

자신을 좋아하게 되는

과정이다.

환경이 금방 달라지지는 않더라도, 눈앞의 목표를 향해 한껏 힘을 내다보면 마음속 어딘가에 이제까지와는 다른 감정이 싹트게 된다.

이 감정은 '나도 하니까 되잖아?'라든지 '더더욱 성장하고 싶어!'와 같이 매우 강렬하다. 이것이 바로 인생의 의미가 아닐까? 나는 그렇다고 생각한다. 꿈은 어차피 매일매일의 인생을 행복하고 충실하게 만들기 위한 수단에 불과하다. 단기적 목표를 좇는 방식으로 똑같은 효과를 얻을 수 있다면 꿈은 필요치 않다. 필요 없기는 해도, 목표를 뛰어넘는 과정에서 꿈을 찾는다면 꿈을 전력으로 좇으면 된다.

한 번뿐인 인생이다. 정답은 없다. 굳이 정답을 꼽자면, 인생은 즐기지 않으면 손해라는 점이다. 어쨌든 즐겨라. 즐기고 싶다면 매일 노력해라.

✚ POINT ✚

- 목표를 달성하는 것은 자신의 좋지 않은 부분을 없애고 좋은 부분을 늘리는 과정이다.
- 목표라는 허들 앞쪽에는 '되고 싶은 자신의 모습'이 있다.

공을 가장 멀리 던질 수 있는 각도, 45도

공을 가장 멀리 던질 수 있는 각도를 알고 있는가? 정답은 45도다. 만약 90도로 던지면 공은 똑같은 위치로 돌아올 뿐이고, 반대로 각도가 너무 작으면 금세 떨어져버린다. 이는 목표 달성을 위해서도 엄청나게 중요한 법칙이다. 공을 멀리 날리기 위해 똑바로 위로 던지는 사람은 없는데도, 노력에 관해서는 −왠지는 몰라도− 던지는 각도가 너무 크거나 반대로 너무 작은 사람이 많다. 평소에 공부하는 습관이 없는 사람이 갑자기 '하루 열 시간 영어 공부'하는 것은 너무 무모하고, 반대로 '하루 5분'으로는 강도가 너무 약하니 말할 것도 없다.

어떻게 하면 각도를 적절하게 설정할 수 있을까? 힌트는 당면 목표를 매번 '한계를 아주 조금 돌파'할 수 있는 수준으로 정하는 것이다. 드는 무게를 늘리지 않으면 근력이 향상되지 않듯이, 사람은 어제의 자신을 뛰어넘지 않으면 성장하지 않는다. '약간만 발돋움을 하면 닿을' 각도로 정하자. 너무 높은 목표는 바라볼 엄두도 나지 않고, 너무 낮은 목표는 성장으로 이어지지 않는다. 성장이야말로 노력의 참다운 맛이므로 성장이 없으면 노력은 계속되지 않는다.

예를 들어, '벤치 프레스 100킬로그램을 들어 올린다'가 목표라고 치자. 물론 갑자기는 무리다. 그러니 일단 조사를 해본다. 찾아보면 일반 남성이 100킬로그램을 들어 올리는 데까지는 평균 3~5년이 걸린다는 사실을 알 수 있다. 20킬로그램부터 시작했으니 100킬로그램까지 터무니없이 먼 목표처럼 여겨질 것이다. 그러나 '3개월 후에 30킬로그램'처럼 목표를 구분해놓으면 달성이 가능해진다. 3개월 후, 6개월 후, 1년 후, 2년 후처럼 세세하게 구분하고 그때마다 적절한 각도로 목표를 향해가도록 하자.

목표대로 진행되는 경우는 거의 없으니 예정대로 되지 않더라도 초조해할 필요는 없다. 실천과 성장이라는 과정에서 시행착오를 거듭해가며 목표를 조정하고 현실에 맞게 한 걸음 한 걸음 향상해가면 된다.

뚱짱 사장의
의외로 대단한 멘탈 트레이닝

뭐든
시작하면
어떻게든
된다

2

오늘부터
바로 가능한
목표 찾기 방법

1단계
당신의 '욕망'은 무엇인가?

목표의 중요성이나 장점은 이미 질릴 정도로 강조했으니 이해했으리라. 그래서 지금 당장 목표를 향해 달렸으면 좋겠는데 '목표를 어떻게 찾아야 되는 거지?' 하는 사람이 있을지도 모르겠다. 그래서 이번 장에서는 목표를 찾는 올바른 방법을 설명하고자 한다.

여러 가지 방법이 있겠지만 가장 단순한 방법은 본인의 욕망에 솔직하게 따르는 것이다. '부자가 되고 싶다', '인기가 있고 싶다', '대단해지고 싶다' 등 뭐든지 좋다. 욕망이란 '정말로 하고 싶다'고 마음속 깊은 곳에서 우러나오는 생각이다. 자신의 욕망을 기준으로 목표를 정해야 노력이 즐거워진다. 노력하면 할수록 욕망에 가까워지는데 당연히 즐겁지 않겠는가? 그리고 욕망에 가까워지는 것은 곧 이상적인 자기 모습에 가까워지는 것이

목표를 세울 때는 반드시

자신의 욕망을 기준으로 삼는다.

니 노력하면 할수록 자기 자신이 좋아진다.

욕망에 따르라고 하니 속물처럼 느껴질지도 모르겠는데, 사실은 엄청나게 중요한 것이다. 부모나 체면치레 등 남의 시선을 신경 쓰면서 목표를 설정하면 자기 자신을 좋아하게 될 수 없다. 노력이 즐겁지도 않고, 행여 노력이 결실을 맺는다 해도 자신의 이상이 아닌 남이 당신에게 '이렇게 했으면 좋겠다'라는 이미지에 가까워지는 셈이니 자기 자신이 좋아지지도 않는다.

따라서 목표를 세울 때는 반드시 자신의 욕망을 기준으로 삼기 바란다. 이때 흔히 저지르는 실수가 '할 수 있는가, 없는가?'라는 잣대로 결정하는 것이다. 모처럼 목표를 생각했는데도 곧바로 '내가 할 수 있을까?' 하며 스스로 포기하는 사람이 많다. 절대 해서는 안 되는 실수다. 대부분의 사람들이 열중할 수 있는 목표를 찾아내지 못하는 것은 매사를 '할 수 있는가, 없는가?'를 기준으로 생각하기 때문이다.

그 대신 '하고 싶은가, 아닌가?'를 기준으로 모든 일을 생각하라. 꿈도 목표도 없다는 청년들이 있는데, 내게 묻는다면 그럴 일은 절대로 있을 수 없다. 누구나 부자가 되고 싶고, 좋은 차를 몰고 싶고, 잘나가는 사람과 어울리고 싶고, 절세미녀와 저녁

식사를 함께 하고 싶은 적이 있었을 것이다. 본인의 욕망을 애써 숨기지 마라. 확실하게 할 수 있는 범위의 것만을 좇는 인생이라니 얼마나 시시한가? 욕망을 달성하겠다는 마음만 굳게 먹는다면 인생은 즐거워진다.

To Do

☐ 욕망에 따른다고 속물은 아니다. 자신의 감정에 솔직해져라.

☐ '할 수 있는가, 없는가?'가 아닌 '하고 싶은가, 아닌가?'로 결정해라.

동경하는 사람,
질투 나는 사람을 세 명 꼽아라

1단계에서는 당신의 '욕망'에 대해 물었다. 이미 본인의 욕망을 확실하게 알고 있는 사람이라면 이번 단계를 건너뛰고 3단계로 넘어가기 바란다. 반면에 '내 욕망이 뭐지?' 하며 난처한 사람도 있을 것이다. 안심해라. 이번 단계에서 나와 함께 차분하게 자신의 욕망을 찾아보자.

욕망 대신 '동경하는 사람' 또는 '질투 나는 사람'을 떠올려보기 바란다. 동경과 질투는 인간의 가장 순수한 감정 중 하나이며, 그 감정의 근원은 틀림없이 욕망이다. 그 사람처럼 되고 싶고 자신도 저렇게 되었으면 좋겠다고 생각하기 때문에 동경하거나 질투하는 감정이 생겨난다.

대상은 누가 되든 좋다. 엄청난 거물 사장이나 아티스트부터 당신의 부모, 신세를 진 은사, 친구나 동료, 상사나 부하여도 된

동정과 질투는 인간의 가장 순수한 감정이다.

그리고 그 감정의 근원은
틀림없는 욕망이다.

다. 성별도 연령도 관계없다. 떠올릴 수 있는 만큼 떠올려본 다음 그중에서 세 명을 엄선하기 바란다.

어떤 분야라도 상관없다. '저런 사람이 되고 싶다'고 생각하거나 '분하기도 하고 부러워'라고 생각하는 인물이 몇 명쯤은 있을 것이다. 그런 사람을 세 명 떠올리자. 당신의 선택에 욕망이 숨겨져 있다.

그렇게 떠올렸다면 다음에는 그 사람들의 '어떤 면'을 동경하고 질투가 나는지를 열 가지 이상 종이에 적기 바란다.

당신이 동경하거나 질투하는 데는 분명 뭔가 이유가 있을 것이다. '사회적으로 영향력이 있다'든지 '부자니까'와 같이 말이다. '일 처리가 빠르다', '상사에게 예쁨을 받는다' 등도 그렇다. 생각나는 대로 종이에 적어라. '인기 있으니까'라든지 '아이돌과 어울리니까'와 같은 이유가 있을지도 모른다. 여기서는 폼을 잴 필요도 없고 자신에게 거짓말을 할 필요도 없다. 속이더라도 의미가 없으니 떠오르는 한 마음껏 리스트를 적어라.

✚ To Do ✚

☐ 동경하는 사람 또는 질투 나는 사람을 세 명 꼽아라.

☐ 동경하거나 질투하는 이유를 열 가지 이상 종이에 적어라.

3단계
본인의 노력에 따라 달성할 만한 것을 골라라

다음에는 1단계를 통해 알게 된 욕망과 2단계에서 종이에 적은 '무엇을 동경하는가?', '무엇에 질투 나는가?' 중에서 본인의 노력에 따라 해결할 수 있을 만한 것 한 가지를 고른다.

이때 핵심은 한 가지로 한정한다는 점이다. 너무 많이 고르면 이것저것 다 욕심이 나서 결국 어느 쪽에도 손을 댈 수 없다. 일단 너무 욕심부리지 말고 대상을 하나로 압축하자.

'집안이 유복하다'든지 '용모가 좋다'와 같이 노력으로 어찌할 수 없는 항목은 여기서 지우자. 실현하기 매우 어려운 비현실적인 항목도 지운다. 예를 들어 마흔 살인 사람이 프로축구 선수를 목표로 한다는 부류의 욕망은 딱 잘라버리자. 실현 불가능한 목표를 세워봤자 아무런 의미가 없다. 그래서야 인생이 즐거워지기는커녕 그저 현실 도피가 될 뿐이다. 헛된 꿈에 매달리느니

아슬아슬하게 달성할 수 있을 목표를 향해 힘을 내는 것이 더 스릴 있고 성취감도 있다.

뭔가를 손에 넣으려면 대신 다른 뭔가를 손에서 내려놓아야 한다. 당신의 시간은 유한하다. 뭔가를 하지 않는 결단도 목표 달성을 위해 필요한, 용기 있는 멋진 행동이라고 할 수 있다. 다만 불가능한 목표를 단호하게 포기하는 것은 좋은데, 그렇다고 포기하는 것이 버릇이 되어서는 안 된다. 포기는 괴로운 것에서 도망치기 위한 것이 아니라 다른 목표를 달성하기 위해서야만 한다. 인간은 원래 게으름뱅이인지라 자꾸만 편한 쪽으로 나아간다. 그러니 이 점만큼은 주의했으면 한다.

정리하자면 일단은 본인의 노력에 따라 해결할 수 있을 만한 목표를 고르는 것, 이 한 가지다. 처음에는 작은 목표라도 좋다. 어쨌든 커다란 성공은 작은 성장의 연장선상일 뿐이다.

AKB48도 하늘에서 뚝 떨어져 일본 최고의 아이돌이 된 것이 아니다. 처음에는 손님도 뜸한 보잘것없는 극장에서 공연을 시작하며 인지도를 쌓았다. 멋진 근육과 아름다운 육체를 지닌 보디빌더 역시 마찬가지다. 천부적인 재능이나 체격의 덕을 본 것이 아니라 꾸준한 단련과 노력을 통해 지금의 몸을 만들어낸 것

너무 많이 고르면 이것저것 다 욕심이 나서

결국 어느 쪽에도 손을 댈 수 없다.

이다. 성장의 축적이 제일 중요하다.

할 수 있는 것을 확실하게 해나가는 수밖에 없다. 따분하고 재미도 없겠지만, 그렇기 때문에 가치가 있다. 따분하고 재미 없으니 아무도 하지 않는다. 사람들 대부분이 편한 길이나 언뜻 화려하게 보이지만 앞에는 아무것도 없는 길을 간다.

당신만큼은 왕도를 걷기 바란다. 왕도는 보잘것없는 길이다. 아무도 가려고 하지 않는 그 길의 끝에는 분명 보물이 잠들어 있을 것이다.

✦ To Do ✦

☐ 목표를 한 가지로 압축해라.

☐ 실현 불가능한 목표는 좇지 마라.

☐ 보잘것없는 길이야말로 왕도다. 성장을 쌓아가라.

4단계
목표 달성을 위해
필요한 행동을 세분화하라

3단계를 통해서 해결할 수 있을 한 가지 목표를 찾았다. 이번 단계에서는 그 목표를 달성하려면 무엇이 필요한지 분석해보자.

예를 들어, '부자'라는 목표를 가지고 생각해보자. 이번에는 부자의 특징이나 요소를 밝혀내기 위해 부자라는 말을 들었을 때 딱 떠오르는 단어나 행동을 쭉 나열해본다.

예를 들면 이런 식이다. 석유 재벌, 사장, 변호사, 의사, 운동선수, 외국계 기업 근무, 대기업 관리직, 유튜버, 투자자, 임대업자, 주식투자자, 고학력, 영어, 자격증 보유자, 웨이트 트레이닝, 철인 3종 경기, 일찍 자고 일찍 일어나기, 높은 커뮤니케이션 능력, 영향력이 있음, 아침 시간 활용하기, 정보 수집을 빼먹지 않는 것….

마음먹고 떠올리면 더 나오겠지만, 이런 식으로 적당히 리스트를 나열하면 된다. 그리고 리스트 항목 중에 당신의 노력에 따라 어떻게든 할 수 있는 것을 세 가지 골라내라. '웨이트 트레이닝이 부자랑 무슨 상관이냐!' 하고 생각한 사람이 있을지도 모르겠는데, 한참을 모르는 소리다. 국내외를 포함해 CEO나 유능한 사업가의 대부분은 안 그래도 바쁜 시간을 쪼개 웨이트 트레이닝에 힘쓰고 있다. 왠지는 알 수 없지만 성공한 사람들 대부분이 하고 있다면 뭔가 이유가 있음이 틀림없지 않은가. 너무 깊게 따지지 말고 일단 성공한 사람들을 흉내 내보는 것도 좋은 방법이다.

이야기가 잠깐 옆길로 샜다. 결국 내가 하고 싶은 말은 이것이다. '부자'라는 목표를 세웠지만, '부자가 될 수 있도록 힘을 내라!'라는 말을 듣더라도 어떻게 해야 좋을지 모르는 사람이 대다수다. 하지만 목표를 세분화하면 '나도 할 만하다' 싶은 것을 찾을 수 있다. 예를 들어, 석유 재벌이 되기에는 허들이 너무 높지만, 앞서 만든 리스트 중에서 '영어, 웨이트 트레이닝, 아침 시간 활용하기' 정도는 당장이라도 시작할 수 있어 보인다. 목표 달성을 위해 구체적으로 무엇을 해야 할지가 상당히 또렷해진 느낌이 들지 않는가? 아침 시간 활용하기가 습관이 되어 여유가 생긴다면 대신에 자격증 공부도 추가할 수 있을 것 같다.

목표를 세분화하면
할 만한 것들을
찾을 수 있다.

GYM

　혹시 특징이나 요소가 딱 떠오르지 않아도 걱정할 필요는 없다. 인터넷으로 찾아보면 얼마든지 정보가 나온다. 초조해하지 말고 차분히 리스트를 만들어보자.

✦ To Do ✦

☐ 목표 달성에 필요한 항목을 떠오르는 대로 적어라.

☐ 리스트 중에서 대상을 세 가지로 압축해라.

5단계
철저하게 조사하라

이제 실현할 수 있을 만한 목표와 목표 달성을 위해 구체적으로 무엇을 할지를 어느 정도 정했으리라 생각한다. '당장 시작해!'라고 말하고 싶지만, 그전에 먼저 조사를 해야 한다. 조사하지 않고 무작정 시작하는 것은 많은 시간을 낭비할 가능성이 있다. 모든 일에는 가장 효율이 좋은 진행 방식이라는 것이 있다. 우선은 정한 목표에 대해 철저하게 알아보고, 자신에게 가장 맞는 방법을 찾아내자.

웨이트 트레이닝을 예로 들어보자. 무작정 하는 웨이트 트레이닝은 시간 낭비일 뿐 아니라 오히려 몸까지 망친다. 근육이 성장하려면 트레이닝뿐만 아니라 식단이나 수면도 중요한데, 식단과 수면의 중요성을 알지 못하면 모처럼의 노력이 무용지물이 되는 사태도 생길 수 있다.

정보도 없이

새로운 뭔가에 도전한다는 것은

무기도 없이 전쟁을 나가는 것과 같다.

예를 들면 이런 식이다. 웨이트 트레이닝을 할 때 중시해야 할 항목의 비중은 대략 '식단:수면:웨이트 트레이닝이 5:3:2'이다. 웨이트 트레이닝에서 가장 효율적인 종목은 스쿼트, 데드 리프트, 벤치 프레스다. 인터넷으로 조금만 찾아보면 나오는 정보다. 이런 정보들을 기반으로 운동을 시작하는 경우와 그렇지 않은 경우는 성장하는 데 하늘과 땅 만큼의 차이가 생긴다. 정보는 무기다. 정보도 없이 새로운 뭔가에 도전한다는 것은 무기도 없이 전쟁을 나가는 것과 같다.

조사의 중요성을 이제 알았는가? 영어를 가지고 이야기한다면 기업에서 높게 평가해주는 시험은 TOEIC이다. 해외에서는 TOEFL을 높게 쳐준다고 하는데, 아무튼 그런 식으로 정보를 구하고 사전 준비를 진행해가야 한다.

인터넷상에서만 이루어지는 조사가 전부는 아니다. 가장 좋은 조사 방법은 해당 분야의 전문가에게 실제로 배우는 것이다. 웨이트 트레이닝이라면 실력 있는 개인 트레이너나 보디빌더, 영어라면 영어 강사나 독학으로 고득점을 달성한 사람 등이다. 고액의 돈을 지불하더라도 그런 사람들의 조언은 들을 가치가 있다. 나름대로 돈은 들겠지만 확실히 돈 이상의 가치가 있다.

조언 덕분에 가장 효율적으로 시간을 투자할 수 있다면 수업료
는 금세 회수할 수 있다.

조사가 딱 정해졌다면 이제 망설임 없이 담담하게 해가는 일
만 남았다. 반대로 조사를 소홀히 하면 불필요한 노력을 하거나
'정말로 이 방식이 맞나?' 하며 나중에 헤매게 된다. 헤매는 것은
계속하는 데 걸림돌이 된다. 계속 없이 성장은 있을 수 없다. 철
저하게 조사해서 최고의 스타트를 끊어라.

☐ 철저하게 조사해라.

☐ 해당 분야 전문가의 도움을 받아라.

6단계
목표달성률을 숫자로 관리하라

드디어 목표 달성을 위해 행동을 시작할 준비가 다 되었다. 가슴 설레지 않는가? 행동을 개시하기 전에 마지막으로 한 가지 했으면 하는 것이 있다. 바로 목표량과 목표달성률을 숫자로 관리하기 위한 사전 준비다.

여기서는 두 종류의 숫자를 준비한다. 하나는 목표량을 측정하는 숫자, 다른 하나는 성장의 정도를 측정하는 숫자다. 비즈니스 세계에서 말하는 KPI(핵심성과지표)나 KGI(핵심목표지표) 같은 것이라고 생각하기 바란다.

예를 들어, 다이어트라고 한다면 웨이트 트레이닝 시간, 유산소 운동 시간, 섭취 칼로리, 수면 시간 등이 목표량 관리를 위한 숫자다. 스스로 정한 목표량은 무슨 일이 있어도 철저하게 지켜라.

몸무게, 체지방률, 허리둘레, 팔둘레, 다리둘레, 실제 겉모습(수치화할 수는 없지만 중요한 지표가 되는 경우도 있다) 등이 성장의 정도를 측정하는 숫자다. 목표를 향한 때로는 괴로운 노력도 극복할 수 있는 것은 힘을 낸 만큼 결과가 따라오기 때문이다. 반대로 말해 '성장하고 있다는 실감'을 얻지 못하면 노력은 좌절되고 만다. 노력 자체 때문이 아니라, 결과나 성과가 나오지 않는 것에 대해 인간은 의욕을 잃는다.

성장의 정도를 측정하기 위한 지표를 더욱 많이 마련해두면 작은 성장도 놓칠 일이 없다. 다이어트라면 체중계의 숫자는 줄지 않았지만 체지방률이 내려갔거나 허리가 가늘어졌을 수 있다. 얼굴 라인이 날렵해졌을 가능성도 있다. 몸무게만 놓고 보면 변화가 없는 것 같아도 다른 지표를 살펴보면 확실히 변화해 있다.

변화를 눈치 채지 못한 채 '내게는 재능이 없다'든지 '노력해도 헛수고다'라고 생각해버리는 사람이 얼마나 많은가. 비극이 아닐 수 없는, 너무나 아까운 일이다.

설정한 숫자 중에 한 가지라도 성장하고 있다면 당신의 노력은 성공한 것이다. 여기에 남의 평가를 집어넣을 필요는 없다.

설정한 숫자 중에 한 가지라도 성장하고 있다면

당신의 노력은 성공한 것이다.

어제의 자신을 뛰어넘으면 그것이 곧 성장이다.

만일 어느 숫자도 성장이 없다면 어떻게 해야 할까? 이때는 앞서 설정한 목표량이 효력을 발휘한다. 노력은 절대 배신하지 않는다고 믿고, 오로지 목표량 달성에만 몰두하면 된다. 5단계에서 철저하게 사전 조사를 하라고 했던 이유가 여기에 있다.

올바른 노력은 절대로 당신을 배신하지 않는다. 따라서 목표량만 달성할 수 있다면 언제가 됐든 당신은 분명 성장을 이룩한다. 늦어진다 싶어도 참아내야 한다. 슬럼프는 목표 달성에 으레 따르는 것이라고 여기며 초조해하지 말고 담담하게 목표량을 달성해가자.

어찌 됐든 스스로 성장을 실감해야 한다는 점이 중요하다. 뭔가 기준은 있어야 하니 목표량은 매일 체크해라. 성장의 정도를 측정하는 숫자는 1~2주에 한 번 정도 체크하면 된다.

⫶ To Do ⫶

☐ 목표량과 성장의 정도는 숫자로 관리해라.

☐ 노력은 배신하지 않으므로 성장하지 않아도 초조해할 필요는 없다. 목표량 달성에 주력해라.

☐ 목표량은 매일, 성장의 정도를 체크하는 숫자는 1~2주에 한 번 체크해라.

언제든 개선하고 수정하라

5단계에서는 노력하는 도중에 헤매는 일이 없도록 사전 준비를 철저히 하라고 했다. 사전 준비가 완벽하게 되어 있으면 나머지는 그대로 실행하기만 하면 되지만, 간혹 예외도 있다. 바로 성장이 예정대로 되지 않을 때다. 6단계에서 설정한 목표량을 전부 달성했음에도 성장의 정도를 측정하는 숫자에 전혀 변화가 없다면, 그때는 방향을 수정할 필요가 있다.

다만 성장을 느끼지 못한다고 해서 계획을 이리저리 바꿔버리는 것도 생각해볼 일이다. 계속은 성장의 절대 조건이다. 고작 2~3주 동안 목표량을 달성한 것을 가지고 성장이 없고 잘못된 노력을 하고 있다고 단정 짓기에는 너무 성급하다.

미국에는 이런 격언이 있다. '어설프게 계속하는 최고의 계획과 제대로 계속하는 평범한 계획. 그중에서 확실히 결과가 나오

2-3주 만에 결과가 나올 일은 거의 없다.

는 쪽은 후자다.' 따라서 한 번 정한 것은 목표로서 최소한 2개월은 끝까지 해내기 바란다. 예를 들어, 매일 한 시간씩 공부하겠다고 정했다면 매일 한 시간×2개월은 제대로 해보아야 한다. 그럼에도 성장했다는 느낌이 들지 않는다면 개선이나 방향 수정을 검토한다. 효과가 나오지 않는다고 2~3주 해보고 그만둬버려서는 포기하는 버릇만 생길 뿐이다. 2~3주 만에 결과가 나올 일은 거의 없다. 최소한 2개월은 계속하라.

참고로 노력하는 도중에 예상 이상의 성과가 나올 때도 있다. 그럴 때는 동기부여도 올라가고 더욱 노력하고 싶어질 것이다. 그 계획의 내용이 당신과 잘 맞는다는 뜻이기 때문에 목표를 달성하는 데 들이는 시간을 늘려도 문제없다. 행운의 기회다. 힘차게 나아가기 바란다. 효과가 계속 나오는 이상 무리해서 새로운 계획을 세우거나 새로운 방법에 도전할 필요는 없다. 성장이 멈출 때까지 오로지 그 계획을 계속하면 된다.

1장에서도 언급했지만 실제로 목표를 달성하는 과정에서 새로운 목표를 만날 때도 있다. 새로운 목표나 즐거울 것 같은 목표를 찾았다면 망설이지 말고 현재 목표를 버리면 된다. 목표는 −좋은 의미로− 유동적인 것이다. 한 가지 목표를 고집할 필요

는 없다. 다만 현재 목표를 버리는 이유가 '귀찮아서'라거나 '힘
드니까'라는 이유라면 절대로 목표를 버려서는 안 된다. 목표를
설정하려면 난관을 극복해야 한다. 어렵다고 도망치기만 하면
아무것도 못하는 사람이 된다. 사람은 원래 게으름뱅이라 자꾸
만 편한 쪽으로 흘러가는 법이다.

한 번 정한 목표에 대해 개선이나 궤도 수정 수준을 넘어 내
용을 전면 교체하더라도 문제는 없다. 다만 이리저리 바꾸는 것
은 좋지 않다. 이 점을 정확히 인지하고 분발해주기 바란다.

드디어 2장의 내용이 끝났다. 지금까지 함께 따라와 줘서 고
맙다. 얼른 행동하고 싶어 몸이 근질근질하지 않은가? 즐거운
인생은 이제부터 시작이다.

To Do

☐ 한 번 정한 목표는 최소한 2개월은 끝까지 해내라.

☐ 2개월을 해도 안 될 때는 방향 수정을 검토해라.

☐ 새로운 목표를 찾았다면 현재 목표는 버려도 된다. 다만 편한 쪽으로만
도망쳐서는 안 된다.

욕이나 험담,
상처 주는 말 대신 칭찬

나는 늘 '부정적인 사람과는 어울리지 말라'고 말한다. 여기서 더 나아가 본인도 행동을 긍정적으로 바꿔갔으면 한다. 구체적으로는 남을 험담하거나 트집을 잡는 것을 그만둬보자. 부정적인 기분이 드는 것도 문제지만, 무엇보다 적이 늘어나기 때문이다. 만약 트집을 잡힌 상대방이 반론을 하면 당신도 기분이 상한다. 말싸움은 서로 감정만 상할 뿐 아무런 이득이 없다. 부정적인 말로 자기 생활이나 감정을 채우는 것은 전혀 의미가 없다. 시간 낭비다.

항상 긍정적으로 말하면 기분도 저절로 긍정적으로 바뀌고 주위에 긍정적인 사람이 모여들면서 건전한 인간관계가 구축된다.

당신 주위에 있는 사람은 당신의 인격을 반영하는 거울이다. 친절한 사람 주위에는 친절한 사람이 모여들고, 부정적인 사람 주위에는 부정적인 사람이 모여든다. 깨끗하고 바르며 적극적으로 살아간다면 주위에 좋은 사람이 모여들면서 당신의 인생은 확실히 풍요로워진다.

본인을 단번에 바꾸기란 어렵기 때문에, 일단은 의식해서 부정적인 말을 일절 입 밖에 내지 않도록 해보자. 머리에 떠오르는 것은 어쩔 수 없지만, 그것을 말로 표현하지 말아야 한다. 그렇게만 해도 상당한 효과를 기대할 수 있다. 남들은 당신의 머릿속을 들여다볼 수 없다. 속마음이 어떻든 간에, 남들 눈에는 똑같이 부정적인 발언을 하지 않는 모습으로 비친다.

여기에 익숙해졌다면 다음에는 의식해서 긍정적으로 말해보자. 험담을 그만두고 남을 칭찬해보자. 누군가를 험담하는 사람이 있다면 "하지만 그 사람, 좋은 면도 있잖아?" 하고 말해보자. '저 사람은 남을 험담하지 않는 사람이다'처럼 당신의 평가가 올라갈 것이다. 칭찬 받은 사람은 얼굴에 웃음꽃이 피어나 당신에게 호의를 품고, 든든한 아군이 되어줄 것이다. 그렇게만 해도 적군은 늘어나지 않고, 기분도 긍정적으로 바뀌며, 긍정적인 사람이 주위에 늘어난다. 남들이 멋진 사람이라고 생각할 것이다.

늘 저기압에 부정적인 말만 일삼는 적군이 많은 사람과 늘 웃는 얼굴로 긍정적인 말만 하는 아군이 많은 사람. 어느 쪽이 행복한 인생을 보내게 될까? 어느 쪽이 승진이 빠를까? 두말할 필요도 없이 긍정적인 사람 승리다. 인생을 즐기고 싶다면 긍정적으로 살자.

3

목표 달성을 위한 멘탈갑 트레이닝

이제 멘탈갑이 되자!

여기서부터는 실제 행동으로 옮긴 다음부터의 조언을 전해주고자 한다.

목표를 향해 힘을 내다보면 높은 장벽에 가로막히거나 간혹 당신을 방해하는 사람이 나타난다. 그때 목표를 잃지 않게끔 당신에게 용기를 부여하고 지켜주는 사람은 누굴까? 부모도 상사도 친구도 아닌, 바로 당신 자신이다.

다만 동조 압력이 강한 사회 분위기이거나, 남들 눈에 띄기를 달갑게 보지 않는 교육을 받는 사회에서 성장해온 경우, 본인의 의사를 관철하기가 상당히 어렵게 느껴질 수 있다. 멘탈이 약하면 계속할 것도 계속할 수 없다. 반대로 멘탈이 강하면 사소한 일로는 흔들리지 않고 목표를 향해 순조롭게 나아갈 수 있다. 그래서 이번 장에서는 당신의 '사고'에 대한 웨이트 트레이닝을

웨이트 트레이닝으로

한계를 돌파하는

정신력이나 자제심을 키울 수 있다.

통해 '멘탈갑'으로 만들어주고자 한다.

참고로 일반적인 웨이트 트레이닝으로도 멘탈을 단련할 수 있다. 어째서일까? 예를 들어, 운동을 같은 무게로만 계속하면 생각만큼 근육이 생기지 않는다. 자신의 한계를 뛰어넘은 다음에라야 근력 향상이 기다리고 있기 때문이다. 벤치 프레스의 경우 '안 되겠다, 이제 한계야…'라고 생각했을 때부터 한 번 더 들어 올려야 한다. 나는 이것을 '한 세트 더' 정신이라고 부르는데, 이렇게 하면 정신력이 강해지지 않을 수가 없다.

또 웨이트 트레이닝을 계속하다 보면 자제심이 필요한 상황이 생긴다. 헬스장에 가기 전에 '귀찮은데 오늘은 가지 말까…' 하는 생각이 들 때가 있다. 당연한 말이지만 그만두면 거기서 끝이다. '아니, 여기서 가지 않으면 성장이 멈춰버린다!'라며 분발할 필요가 있는데, 이때 자제심이 단련된다. 웨이트 트레이닝은 식단 관리가 중요하므로 좋아하는 음식을 좋아하는 만큼 먹는 것은 좋지 않다. 이때도 자제심이 단련된다.

우리 몸에 여러 가지 근육이 있듯이 멘탈갑에도 다양한 측면이 있다. 그중에서도 웨이트 트레이닝으로는 한계를 돌파하는 정신력이나 자제심을 키울 수 있다. 노력에 들인 시간은 당신을 배신하지 않지만, 약한 멘탈로는 좀처럼 계속하기가 어렵다. 그렇게 생각하면 멘탈갑은 성공을 향한 지름길이 되는 셈이다.

물론 나처럼 웨이트 트레이닝을 하는 것이 내키지 않는 사람도 있을 것이다. 그래서 헬스장에 가지 않고도 멘탈을 단련시키는 방법이나 사고방식을 가르쳐주고자 한다. 집중해서 읽어주기 바란다.

✚ POINT ✚

- 목표 달성에는 강한 멘탈이 필수적이다.
- '사고'에 대한 웨이트 트레이닝을 해라.
- 일반적인 웨이트 트레이닝으로 근육뿐만 아니라 멘탈도 단련할 수 있다.

남들 험담에 신경 쓰지 마라

목표를 향해 힘을 낼 때는 험담에 신경 쓰고 있을 시간이 없다. 험담을 들었을 때 당신이 취해야 할 행동은 단 하나, 무시하는 것이다. 즉, 상대하지 말라는 뜻이다. 험담에 반응을 보이는 순간 당신의 손해가 확정된다.

나는 열심히 하고 있는 사람을 깎아내리는 사람을 용서할 수 없다. 그런 이야기를 들을 때마다 뱃속 깊은 곳에서 분노가 끓어오른다. 내 분노가 약간 표출되더라도 양해 바란다.

생각해보라. 상대방은 어째서 당신을 험담할까? 십중팔구 당신을 위해서가 아니라, 당신의 기분을 상하게 하고 상처를 주려는 것이 목적이다. 당신을 위해서라면 험담이 아니라 애정 담긴 조언을 해주는 것이 맞지 않은가? 욕이나 험담, 상처 주는 말은

신경 쓸 가치도 없는 인간들을
곧이곧대로 상대해주면
나만 손해다.
수근 수근

한가한 인간이나 하는 짓이다. 당신에게 뭔가 원인이 있어서라 아니라, 당신은 그저 단순한 시간 때우기의 표적이 되었을 뿐이다. 험담을 들었다고 해서 '내게 뭔가 원인이 있는 건가?' 하며 자신감을 잃어버린다면 난센스다. 사적인 생활도, 업무도 잘나가고 있는 아주 행복한 사람이 일부러 남의 일을 하나하나 따져가며 트집을 잡을 리 없다. 험담하는 사람들은 꿈도 목표도 없이 남에게 시비를 거는 것 말고는 즐거움을 찾지 못하는 불쌍한 존재들이다.

애석하게도 세상에는 상대해서는 안 되는 인간이 어느 정도 존재한다. 신경 쓸 가치도 없는 인간들이니 '어이, 한가한 친구! 수고가 많아!' 정도로 여기기 바란다. 곧이곧대로 상대해주면 본인만 손해다.

인간관계는 'Give & Take'로 성립된다. 나를 존중하는 마음이 없는 사람을 내가 존중해줄 필요는 없다. 상대방에게 열정이 없다면 나도 열정을 쏟아가며 뭔가를 해줄 의무는 없다. 인간관계에서 오는 피로감은 대개 이런 온도차가 원인이다. 당신은 분명 성실한 사람일 테니 좋은 사람이든 나쁜 사람이든 모두 평등하게 대해왔을 것이다. 단언한다. 모든 사람과 평등하게 어울릴 필요는 전혀 없다! 상대를 골라라. 음식에 호불호가 있듯이 사람에게도 당연히 호불호가 있다. 험담으로 당신에게 상처 입히려는 사람은 그냥 무시해라. 반격을 하든 상처를 입든 상대방 좋은 일만 될 뿐이다.

✚ POINT ✚

■ 뭔가를 열심히 하는 사람은 비판을 받기 쉽다.

■ 한가한 사람이나 험담하는 법이다.

■ 험담은 어쨌든 무시해라.

비판에 겁먹지 말고 오해를 두려워 마라

험담도 있지만, 어떤 형태로든 '비판'을 받을 때도 있다. 비판에는 두 종류가 있다. 하나는 '애정이 있는 비판'이다. 이것은 당신을 위해 생각해서 말해주는 의견을 말한다. 여기에는 귀를 기울여야 하고, 정곡을 찔렸다면 솔직하게 인정하고 고쳐야 한다.

나머지 하나가 바로 '애정이 없는 비판'이다. 이것은 번거로운 존재로, 분명히 당신의 기분만 상하게 하려는 목적에서 나온 말이나 행동이다. 안타깝게도 우리가 받는 대부분의 비판은 애정이 없는 비판이다. 애정이 없는 비판의 대부분은 질투에서 비롯된다. 즉, 험담과 마찬가지로 진지하게 맞설 필요가 없다.

밀려드는 비판 중 일부에는 '애정이 있는 비판'이 가끔 있기는 하다. 다만 나머지 99%는 그저 단순히 당신에게 상처를 주기 위해 하는 비판이다. 모든 비판을 살펴봐가며 애정이 있는 비판

애정 있는 비판에는 귀를 기울이고

정곡을 찔렸다면 솔직하게 인정하고 고쳐야 한다.

을 골라내기란 비효율적이다. 모래밭에서 바늘 찾기보다 어렵다. 비판은 무시하면 그만이다.

비판이나 질투를 두려워해서야 아무것도 할 수 없다. 100명 중 100명 모두에게 호감을 사기란 불가능하다. 우리가 사는 세상은 이쪽을 신경 쓰면 저쪽을 신경 못 쓰는 법이다. 팔방미인 상태로 뭔가를 달성할 수는 없다. 적군이 없는 사람에게는 아군도 없다. 비판하는 사람에게는 '불평할 거라면 이쪽으로 오지 마!'라고 할 정도의 태도로 대하지 않으면 본인이 위축되어 결국 아무것도 하지 못하고 만다.

비판을 무시하라고 하면 꼭 누군가는 "하지만 새겨들어야 할 비판도 있지 않아요?" 하는 의견을 말한다. 전혀 문제없다. 그때는 자기 동료 혹은 존경하는 인물에게 물어보면 된다. "지금 내 상태를 어떻게 생각해? 솔직하게 가르쳐줘"라고 물어보면 진정한 동료는 솔직하게 가르쳐준다. 그런 의견에는 귀를 기울일 가치가 있다. 그렇게 하면 애정이 없는 비판을 굳이 듣지 않고도, 가치가 있고 애정이 있는 비판만을 얻을 수 있다.

그 밖의 의견은 깨끗하게 무시해버리자. 남이 하는 비판은 어차피 당신의 열정이나 현재 상태를 모르고 단편적인 정보만으로 판단하는 것에 불과한 의견이다. 들어봤자 낭비다.

✚ POINT ✚

- 비판에는 애정이 있는 비판과 애정이 없는 비판이 있다.

- 비판의 99%는 애정이 없는 비판이다.

- 애정이 있는 비판을 원한다면 진정한 동료나 존경할 수 있는 사람에게 물어봐라.

비판은 무시해라!
'부정의 무한 루프'에
빠질 뿐이다

내가 비판을 무시하라는 데는 또 한 가지 이유가 있다. 비판은 '부정의 무한 루프'에 빠지는 계기가 되기 때문이다. 세상에는 여러 가지 비판이 있다. 당신을 그저 상처 주려고 하는 비판이나 "○○인 주제에…"처럼 질투 섞인 비판, 친구나 부모로부터 "네 주제를 아는 게 좋지 않아?"처럼 언뜻 들으면 조언 같은 비판이 있다. 뭐가 됐든 그런 비판을 듣는 사이에 기분은 점차 침울해진다.

남에게 비판을 받는다 → 자기 평가가 저하된다 → 스스로 본인의 한계를 결정짓는다 → 도전하지 않게 된다 → 도전하지 않으니 성장하지 않는다 → 자신이 싫어진다 → 자존감이 무너진다 → 인생이 보잘 것 없다고 느낀다 → 불평불만을 입에 달고 투덜거리게 된다 → 자연스레 부정적인 사람이 모여든다 →

온탕 속에서 상처만 할짝거리는 인생에서 희망을 찾을 수 없게 된다….

비판에 발목 잡히면 이처럼 가장 나쁜 부정의 무한 루프에 빠진다. 이 책에서 일러줬던, 목표를 달성해가는 긍정의 무한 루프와 정반대다. 게다가 한 번 빠지면 좀처럼 헤어날 수 없다. 확실히 말하건대 지옥이다. 그러니 남이 무슨 말을 하든지 '내게는 가치가 있어', '나는 대단해' 하고 스스로 다잡아라.

비판을 신경 쓰지 않겠다고 정했어도 보거나 듣게 되면 아무래도 사람인지라 신경이 쓰이기 마련이다. 멘탈을 강하게 유지시키는 데도 한계가 있으므로, 아예 처음부터 비판을 듣거나 보지 않겠다고 정하는 것이 상책이다. 듣지 않고, 보지 않고, 신경 쓰지 않는 것이 부정의 무한 루프에 빠지지 않는 철칙이다.

다만 비판을 듣지 않을 때의 단점은 있다. 예를 들면, 건방지다든지 잘난 체한다고 여겨질 위험도 있다. 애정이 있는 비판조차 그냥 흘려들어 귀중한 조언을 간과하기도 한다. 하지만 이런 단점들은 둘째 치더라도, 부정의 무한 루프에 빠질 때의 단점이 훨씬 크다.

듣지 않고, 보지 않고, 신경 쓰지 않는 것이
부정의 무한 루트에 빠지지 않은
철칙이다.

만약 현재 당신이 멘탈이 약하다고 느끼거나 아직 마음의 근육이 충분치 않다고 느낀다면, 가능한 한 무균 상태로 만들어 두는 것이 현명하다. 처음에는 '내게는 엄청난 가치가 있다'는 식의 자기 암시라도 좋으니 멘탈을 무장시켜라. 그때부터 긍정의 무한 루프를 돌면서 어쨌든 자존감을 채워나가야 한다.

긍정의 무한 루프를 타면 어제의 자신을 뛰어넘기만 하면 되니 질 이유가 없는 싸움이고, 점차 성장한다. 애정이 있는 비판을 신경 써야 하는 시기는 어느 정도 성공 체험이 쌓이고 성장이나 자신감이 붙고 나서라도 늦지 않다.

정리하자면, 멘탈갑이 되기 전까지는 어떤 비판도 접하지 말고, 만약 접하더라도 무시해라. 다소 억지스럽게 느껴지겠지만 전혀 문제없다. 우선은 자신감을 갖고 긍정의 무한 루프를 돌면서 멘탈을 무장하는 것이 먼저다.

✚ POINT ✚

- 멘탈에 자신감이 생기기 전까지 비판은 완전 무시해라.
- 멘탈을 무장하는 것이 선결 과제다.

'너한테는 무리다!'는 '본인에게 무리'인 사람이 하는 허튼소리

뭔가에 도전하려고 하는데 '너한테는 무리다'라는 말을 들어본 적 없는가? 나는 그런 발언을 하는 사람을 이해할 수가 없다. 어째서 힘을 내려는 사람의 의욕을 꺾어버리는 말을 하는 것일까?

사람의 가능성은 누구도 부정할 수 없다. 내려다보는 듯한 시선으로 '너한테는 무리다'라니, 도대체 자기는 얼마나 잘났기에 하는 말인가? 스티브 잡스가 세상을 바꾸리라고 누가 상상이나 해봤을까? 손정의가 세계적인 대기업 사장이 되리라고 누가 상상이나 해봤을까? 세상에는 다들 무리라고 생각하는 것을 실제로 실행에 옮긴 사람이 많다. 세계적인 규모는 아니지만 스포츠 대회에서 좋은 성적을 거둔다든지, 들어가기 힘든 명문 대학에 합격한다든지 하는 일들도 처음부터 무리라고 단정했다면 절대 달성할 수 없는 훌륭한 위업이다.

만약 '너한테는 무리다'라는 말을 들었다면 반격삼아 이렇게 물어보라.

"그럼 넌 뭔가에 필사적으로 도전해본 적이 있어?"

십중팔구는 없을 것이다. 뭔가에 도전한 적이 있는 사람이라면 도전에 대한 두려움을 알고 있기 때문에 절대로 남의 도전을 비웃지 않는다.

"힘들겠지만 열심히 해."

"죽을 만큼 괴롭겠지만 스스로 납득될 때까지 파이팅이다."

이렇게 당신을 응원해줄 것이다.

나도 상담하러 온 사람에게 혹독한 말을 한 적은 있다. 간혹 "절대로 무리다"라고 말한 적도 있는데, 그때는 "'현재 당신의 노력으로는' 절대로 무리다"라고 사용하는 경우다. 몇 번이고 강조하지만 사람이 지닌 가능성은 누구도 부정할 수 없다.

남의 가능성을 부정하는 사람은, 다시 말해 도전하지 않았던 사람, 즉 '본인에게는 무리였다'는 사람이다. 본인의 편협한 틀 속에서만 갇혀 사는 사람이 하는 말은 들을 가치가 없다.

남의 가능성을 부정하는 사람은 도전하지 않았던 사람이다.

개중에는 "무리니까 그만두는 편이 좋아"라며 당신을 생각해서 말해주는 사람도 있다. 만약 나이 마흔에 프로축구 선수가 되고 싶다고 하는 사람이 있다면, 역시 축구를 너무 얕잡아보고 하는 말이다. 확실히 말하건대 축구에 대한 실례다. 무모한 목표를 적당히 말하는 것과 명확한 목표를 갖고 힘을 내는 것은 이야기가 전혀 다르다.

배움이나 도전을 멈춘 사람은 죽은 것과 마찬가지다. 새로운 분야를 배우거나 도전하고 싶다면 남에게 이러니저러니 말을 들어도 신경 쓸 필요가 없다. 주위의 '시체'들을 뛰어넘어 스스로 해야 할 일을 해라.

✚ POINT ✚

- 누구도 남의 가능성을 부정할 수는 없다.
- 남의 도전을 비웃는 사람은 도전해본 적이 없는 사람이다.
- 배움이나 도전을 그만둔 사람은 죽은 것과 마찬가지다.

'미움 받지 않으려는 노력'보다
'호감을 사려는 노력'을 해라

사람들 대부분은 험담이나 비판을 들으면 오해를 풀거나 해명을 하려 한다. 하지만 이는 실로 쓸데없는 작업이다. 어째서 사람들은 험담이나 비판을 할까? 십중팔구 당신의 기분을 상하게 만들고 싶기 때문이다. 애초에 당신의 기분을 상하게 하려는 무리들에게 진지하게 설명할 의무나 필요는 없다. 험담이나 비판을 들을 때마다 멈춰 서서 해명하고 있다 보면 날이 저물 것이다. '알아주면 좋고, 모르면 잠자코 지켜보기나 해' 정도의 태도가 딱 적당하다.

애초에 대화를 통해 이해시킬 수 있으리라고는 생각하지 않는 편이 좋다.

상대방을 이해하고 존중하려는 마음이 있어야 사람은 비로소 서로를 이해할 수 있다. 남에게 일부러 험담이나 비판을 하는 사람이 그렇게까지 솔직한 사람이라고 생각하는가? 이야기할 마음이 없는 사람과 이야기하는 것만큼 바보 같은 짓은 없다. 이야기하면 할수록 이렇다 저렇다 잔소리만 늘어놓고 당신에게 트집을 잡으려는 모습이 눈에 선하다.

이는 음식점에 비유하면 알기 쉽다. 만약 당신이 라면 가게를 하고 있는데, 근거 없는 이유로 클레임을 걸거나 호통을 치는 손님이 있다면 두말할 필요도 없이 출입금지를 시킬 것이다. 그런데 왜 유독 사생활에서는 굳이 이야기를 하고 오해를 풀려고 할까? 악질 손님을 상대하느라 시간을 너무 빼앗기는 나머지, 정작 소중히 상대해야 할 단골손님에게 소홀해질지도 모른다. 이래서야 건전한 경영이 되겠는가? 당신의 라면 가게를 좋아해주는 손님을 소중히 여겨야 한다.

사생활에서도 마찬가지다. 미움 받지 않으려는 노력보다 호감을 사려는 노력을 해라. 그러는 편이 훨씬 즐겁고 의미 있다. 혼자 미움 받아 생기는 피해는, 혼자만 호감 받는 기쁨에 비하면 없는 것과 마찬가지다. 본인과 잘 맞지도 않는 사람에게 더 미움을 받아봤자 피해는 없지 않겠는가? 스트레스를 쌓아두고 참아가며 싫어하는 사람을 상대하지 말고, 함께 있어 즐겁고 좋은 사람을 위해 시간을 사용해라.

친구 관계도 과감히 정리한다

목표를 달성해가는 중에는 간혹 친구의 유혹을 뿌리쳐야 하는 경우도 있다. 친구 관계가 나빠지면 따돌림을 당할 가능성도 있다. 그때 당신은 어떤 행동을 취해야 할까? 개중에는 자신의 그룹에서 무시당하는 것이 두려워 무심결에 어울리는 사람이 있을지도 모른다.

하지만 당신이 취해야 할 행동은 목표를 향해 꿋꿋하게 나아가는 것이다. 애초에 약속 한두 번 거절한 정도로 따돌리는 사람은 친구라 부를 수 없다. 그런 친구는 막상 당신이 위기에 처하게 됐을 때, 혹은 책임을 져야 하는 입장에 놓였을 때 100% 떠나갈 사람들이다. 목표를 향해 힘을 내고 있을 때 방해가 되지 않도록 응원해주는 사람이 진정한 친구다. 그렇지 않은가?

친구 관계만큼 시간을 잡아먹는 것도 없다. 주말에 고작 두

우리가 해야 할 것은
목표를 향해
꿋꿋하게 나아가는 것이다.

시간 만나는 데도 모든 인원의 스케줄 조정, 외출 준비, 이동 시간 등을 따지면 막대한 시간을 소비하는 셈이다. 자신을 위해 조금이라도 더 많은 시간을 써야 하는데 친구와 자주 어울려 노는 것을 상책이라고 할 수 없다. 서로 친한 사이라면 더욱 그렇다.

'미움 받기 싫다', '따돌림당하고 싶지 않다'며 필사적으로 관계를 유지하려고 하는 경우는 대개 남의 발목을 잡는 사람이 모여 있는 이른바 '온탕 그룹'이다. 한정된 시간의 투자처로서는 최악이다.

온탕 그룹은 대학의 동급생이나 고향 친구와 같은 패턴이 많다. 정이 넘치는 것도 이해는 된다. 그들은 좋게 말하면 운명적으로 만나게 된 둘도 없는 존재다. 나쁘게 말하면 때마침 같은 또래, 같은 지역에서 태어났을 뿐인 존재다. 친구를 소중히 여기는 마음은 물론 좋지만, 서로 너무 어울릴 필요는 전혀 없다.

현재 당신에게 필요한 동료는 같은 뜻을 품은 '동지'다. 동급생이나 소꿉친구가 당신의 동지가 된다고는 단정할 수 없다. 만약 '이 그룹에 있다 보면 성장할 수 없다'든지 '어쩐지 맞지 않는다'고 생각한다면 관계를 정리하는 편을 고려해보는 게 좋겠다.

집안에 있는 불필요한 물건을 정리하면 기분이 상쾌한데, 인간 관계도 마찬가지다.

친구와 가끔가다 같이 어울리는 것이 스트레스 해소의 일종이라면 문제는 없다. 그러나 만나는 횟수가 너무 많다면 문제다. 현재의 관계를 버리자니 용기가 필요하겠지만, 본인에게 아무런 이득이 없는 그룹이라면 얼른 끊어버리는 것이 좋다. 걱정할 필요 없다. 목표를 향해 힘을 내다보면 더욱 매력 넘치는 동료들을 잔뜩 만날 수 있을 테니까.

✚ POINT ✚

- 약속을 거절했다고 따돌리는 사람은 친구라 부를 수 없다.
- 친구란 좋게 말하면 '운명'이고 나쁘게 말하면 '우연'이다.
- 매력적인 동료가 있는 무대를 지향해라.

긍정적인 사람과 어울린다

당신 주위에 남의 욕이나 험담, 직장이나 가정에 대한 불평만 늘어놓는 사람은 없는가? 확실히 말해두겠다. 그런 무리라면 인연을 끊어버려라.

흔히 유유상종이라고들 말한다. 울적한 커뮤니티에는 자연스럽게 부정적인 기운을 풍기는 사람들이 모여든다. 문제를 파악하지 않고, 해결책을 고민하지 않으며, 누군가의 탓으로 돌리고 무마시키려는 경향이 있다. 상황을 개선하려는 사람도 없거니와 위기감도 없다.

이런 커뮤니티는 속해 있기만 해도 위험하다. 당신이 험담이나 욕을 하지 않더라도 남들 눈에는 '그런 사람들 중 한 명'으로 간주된다. 비슷한 사람이 모여 있으면 빠져나올 방법조차 알 수 없다. 당신이 꿈이나 목표를 말하더라도 무시당하거나 '그런 거 절대 무리야'라고 부정당할 것이다. 동기부여는 곤두박질할 뿐이다.

가끔가다 하는 불평이라면 스트레스 발산에 도움이 되지만, 불평도 적정량이 아니면 독이 된다. 술집에서 구시렁거릴 시간에 할 수 있는 일은 많다. 아니, 애초에 목표만 있으면 불평하기 이전에, 해야 할 일을 저절로 알게 될 것이다.

부정적인 사고만 일삼는 친구들이라면 곧바로 관계를 재검토해야 한다. 험담을 듣겠지만 멋대로 말하게 내버려둬라.

'친한 친구 다섯 명의 평균 모습이 바로 내 모습'라는 말이 있다. '인생은 쓰레기다'라고 말하는 사람 주위에는 인생을 쓰레기라고 생각하는 사람이 모이고, 반대로 '인생은 최고다'라고 말하는 사람 주위에는 인생을 최고라고 생각하는 사람이 모인다.

함께 행동하겠다면 당연히 긍정적인 사람이 좋다. 긍정적인 커뮤니티에 있으면 그것만으로도 저절로 의욕이 생기고 기분도 좋아진다. 정신적으로 여유가 있는 사람이 많기 때문에 당신의 꿈이나 목표를 무시하는 일도 없다. 진심으로 응원해주는 사람

친한 친구 다섯 명의 평균 모습이
바로 내 모습이다.

이 많을 것이다. 당신을 둘러싼 인간관계는 당신의 성공을 강력하게 지지해주는 것도 있지만, 반대로 커다란 족쇄가 되는 것도 있다. 그렇기 때문에 긍정적인 사람으로 주위를 굳건히 다지는 일이 중요하다.

주위에서 그런 커뮤니티를 찾을 수 없다면 -'또 그거야?'라는 소리를 들을지도 모르겠지만- 일단 헬스장에 가보라. 동경하는 몸을 만들고 싶은 사람, 건강해지고 싶은 사람 등 기본적으로 목표가 명확하고 목표를 위해 노력을 아끼지 않는 긍정적인 사람으로 가득하다. 앞에서도 적었듯이 힘이 솟아나는 장소가 아닐 수 없다.

✚ POINT ✚

- 욕이나 험담을 하는 사람과 어울리는 것은 백해무익하다.
- 부정적인 커뮤니티에는 부정적인 기운이 모인다.
- 긍정적인 커뮤니티가 자신을 지지해준다.

배신당하더라도 신경 쓰지 마라! 오히려 행운이다

철석같이 믿던 친구에게 배신당하거나, 동료에게 배신당해 프로젝트가 예상대로 굴러가지 않았다는 등, 사람은 살다 보면 '배신'이라는 경험을 맛보곤 한다. 특히 목표를 향해 뭔가를 시작하게 되면 그런 배신과 맞닥뜨릴 '기회'가 늘어날지도 모른다.

충격을 받겠지만 침울해할 필요는 없다. 오히려 '행운'이라고 생각해라. 물론 배신당하는 것 자체는 전혀 행운이 아니다. 하지만 배신자의 조기 발견은 행운이다. 배신할 사람은 언젠가는 배신하는 법이다. 나중에 가서 배신당하면 지금보다 충격이 훨씬 크다. 그렇게 생각하면 한시라도 빨리 알게 되는 편이 더 낫다.

애초에 의리나 인정이 없는 사람과 친구로 지낼 필요는 전혀 없다. 배신자의 특성을 지닌 사람과 인간관계를 구축한들 아무런 가치가 없다. 그런 사람에게 쓸 시간을 아낄 수 있으니 다행

아닌가. 배신당한다면 슬퍼하지 말고 행운이라 여기며 그만 어울리면 된다.

'이번에는 네가 이득을 봤을지도 모르지. 하지만 유감스럽게도 나처럼 의리와 인정이 넘치는 친구를 잃게 됐어.'

이렇게 생각해라. 어찌 됐든 남을 배신하는 사람은 장차 주위에 적들로만 가득하게 된다. 장기적으로 성공할 일도 없거니와 궁지에 몰렸을 때 도와줄 친구도 없다. '불쌍한 사람이구나' 생각하고 내버려둬라.

'배신당했다'고 했지만 자기 쪽이 잘못한 패턴도 있다. 사람은 누구나 자신을 가장 불쌍히 여기는 법이다. 그런 우리들이 장기적으로 서로 신뢰하면서 나아가려면 공통의 적이나 목표, 이익을 공유할 필요가 있다.

'A가 지금 손해를 봐도, 나는 A가 내가 가장 행복해지는 선택을 해준다고 믿어.'

그렇다고 A가 손해를 보면서까지 당신을 위해 뭔가 해줄 거라 기대하는 것은 너무 뻔뻔하다. 이런 것은 신뢰라고 할 수 없다. 당신은 자기주장만 밀어붙이고 있을 뿐 '배신당했다'고 말할 자격이 없다. A는 당신의 부모가 아니다. 지나친 의지는 독이다.

언제까지고 미련에 연연하며
상대방을 탓해봐야 아무런 의미도 없다.

나도 사업을 하다 보니 배신당할 때가 많았다. 배신당했을 때는 충격을 받은 나머지 시야가 좁아지기도 하지만, 냉정을 되찾고 객관적으로 사안을 보려고 한다. 그러면 대부분의 경우는 상대방에게 충분한 메리트를 주지 못했던 것이 원인이었다는 사실을 알게 된다. 의리나 인정도 중요하지만, 그런 이유만으로 상대방에게 지나치게 많은 것을 요구하는 태도는 좋지 않다.

상대방이 협력해주기를 바란다면 상대방에게도 뭔가 메리트를 제공해야 한다. 주고받는 관계가 아니고서는 장기적인 관계를 구축할 수 없다. 어찌 됐든 그 사람을 신용하기로 정한 쪽은 본인이며, 최종 책임자 역시 본인이다. 언제까지고 미련에 연연하며 상대방을 탓해서야 의미가 없다.

한 번 더 강조하지만, 배신당했다는 데는 두 가지 가능성이 있다는 점을 기억했으면 한다. 상대방이 나빴다면 행운이라고 여기며 그만 어울리면 되고, 간혹 자신에게 잘못이 있을 가능성도 있다. 곰곰이 생각해보기 바란다.

✚ POINT ✚

■ 배신당했다면 행운이라고 생각해라.

■ 상대방에게만 너무 매달리지 말고, 메리트를 주도록 하자.

고독이 두렵다고?
도전자는 언제나 고독하다

우리 사회는 도전보다 조화를 추구하는 문화가 있다. 이른바 '동조 압력'인데, '모난 돌이 정 맞는다'라는 속담은 예로부터 조화를 흐트러뜨리는 존재를 거북하게 여겨왔다는 증거다. 눈에 띄는 것을 나쁘다고 여긴다. 그 탓에 '조화를 망가뜨리면 안 된다', '눈에 띄면 안 된다'라며 도전하고 싶어도 그러지 못했던 사람이 얼마나 많던가.

이런 배경이 있다 보니 도전자는 늘 질투에 시달리며 험담이나 비난의 표적도 되기 쉽다. 하지만 안심해라. 도전자는 늘 고독한 법이니까. 애초에 대부분의 사람들이 무리라고 생각하는 것에 도전하는 것이기 때문에 누구도 따르지 않는 것은 당연하다. 고독해지는 것은 자연스러운 흐름이다.

오히려 고독한 상태라야 급격한 성장을 이룰 수 있다. 앞에서도 말했지만 모든 활동 가운데 친구와 어울릴 때 가장 많은 시간을 잡아먹는다. 고독하다면 귀중한 한정 자산인 '시간'을 전부 자신을 위해 쏟아 부을 수 있다. 남들에 맞출 일도 없고 괜히 신경을 쓸 필요도 없는 만큼, 뭔가에 도전할 때는 고독해야 본인에게 유리하다. 커다란 성장을 이룩하고 싶다면 당신은 고독과 친구가 되어야 한다.

안심해라. 애초에 뭔가에 열중하거나 집중하다보면 고독을 느낄 틈이 없다. 오히려 친구와 어울리는 것이 번거로울 때도 있다. 예를 들어, 한창 다이어트 중인데 무한 리필 음식점에 가자는 말을 듣게 되면 귀찮지 않겠는가? 다음 날이 자격증 시험일인데 친구가 술자리에 불러낸다면 짜증이 날 것이다. 그런 식이다. '목적 달성>친한 친구와 어울려 놀기'라는 상태가 될 수 있다면 가장 좋다.

그렇다고 당신에게 친구와 인연을 끊으라고 말하는 것은 아니다. 친구가 당신을 필요로 한다면 도와줘도 되지만, 필요 이상으로 친하게 어울리지 말라는 말을 하고 있을 뿐이다.

성장하고 싶다면 고독에 익숙해져라. 친구에게 유혹을 받아

고독 종지

고독은

귀중한 한정 자산인 시간을

전부 자신을 위해 쏟아 부을 수 있을 때다.

도 '좀 내버려뒀으면 좋겠는데'라는 상태라야 가장 성장할 수 있다. 어찌 됐든 고독에 필요 이상으로 겁내지 마라.

미국에는 '실연이 보디빌더를 만든다'라는 격언이 있다. 어째서 실연 후처럼 인생에서 가장 고독을 느끼는 상태가 보디빌더를 만든다는 것일까? 보디빌더와 같은 몸이 되려면 철저한 식단 관리와 금욕적인 웨이트 트레이닝이 필수적인데, 웬만한 기력으로는 성공하지 못한다. 그러나 실연을 하게 되면 너무나 고독한 나머지 일단 식욕이 생기지 않는다. 몸만들기에는 좋지만 맛은 없는 음식을 담담하게 먹을 수 있다.

또 괴롭고 외로워서 죽을 것 같은, 정신적으로 가장 약해진 시기에 웨이트 트레이닝을 하면 운동에 대한 의존도가 단숨에 높아진다. 결과적으로 웨이트 트레이닝 없이는 살아갈 수 없는 체질이 되고, 몇 개월 후에는 몰라볼 정도로 몸이 완성되어 있다. 물론 그러는 사이에 고독에도 익숙해져 바벨이 친구라는 둥, 덤벨이 애인이라는 둥 헛소리를 내뱉을 수도 있지만 말이다. 당연하지만 바벨 대신 영어 교재, 덤벨 대신 프로그래밍 교재가 되어도 상관없다.

사랑하는 사람과 헤어지라거나 보디빌더가 되라고 말하지는 않겠지만, 이처럼 고독한 상태는 자신이 가장 성장할 수 있는 시간이 된다. 어떤가? 고독도 즐겨볼 만하지 않은가?

✚ POINT ✚

- 도전자는 늘 고독하다.

- 고독을 느끼지 못할 만큼 뭔가에 열중해라.

- 고독은 급성장할 기회다.

사과할 거리가 없는지 찾아라!
그리고
솔직하게 사과해라

당신은 일을 하다가 실수를 했을 때, 혹은 동료나 거래처에 폐를 끼쳤을 때 솔직하게 인정하고 '죄송합니다' 하고 사과할 수 있는가? 만약 '사과할 수 있다'고 바로 대답할 수 있다면 이 인사이트를 건너뛰어도 상관없다. 하지만 자존심이 허락하지 않아 사과할 수 없다거나, 자기만 잘못하지도 않았는데 사과하는 것은 싫다고 생각한다면 꼭 읽어주기 바란다.

개중에는 '사과하면 지는 것'이라는 사고방식을 갖고 있는 사람이 있다. 하지만 아무리 사소한 실수라도 자기에게 원인이 있다면 솔직하게 인정하고 사과하는 것은 사람으로서 당연한 일이다. 사과를 못 하는 게 지는 것이다. 당신이 잘못했느냐 아니냐는 나중 일이다. 당신이 원인이 되어 눈앞에 있는 사람이 화를 내고 있다면 일단은 '화나게 해서 미안하다'라고 사과하면 끝날 일이다.

사과는 사용하기 나름이다. 효과적으로 사용할 수 있다면 그 자리를 장악하는 것도 가능하다. 우물쭈물 변명만 늘어놓는다면 상대방은 언제까지고 계속 화를 내겠지만, "죄송합니다! 앞으로는 절대 하지 않겠습니다" 하고 깔끔하게 머리를 숙이고 개선안을 제시하면 상대방도 더 이상은 아무 말도 하지 않을 것이다.

나는 이것을 '공격적 사과'라고 부른다.

본인에게 잘못이 없거나 반론하고 싶은 생각이 굴뚝같아도 꾹 참고 적극적으로 사과해라. 오히려 상대방이 화를 내고 있는 자리에서 반론하는 것은 현명한 행동이 아니다. 정론으로 반격해도 머리끝까지 화가 난 상대방에게 그것이 통하겠는가? 그렇다면 그 자리에서만 낮은 자세로 나가면 그만이다.

스스로 고개를 숙일 줄 알아야 진정으로 강한 사람이다. 옆에서는 당신이 꼼짝 못 하는 것처럼 보이겠지만, 실제로 상황은 당신이 제어하고 있다. 목적만 명확하다면 자존심 따위 어찌 돼도 상관없다. 상대방이 화를 낼 때 중요한 것은 누가 잘못했느냐가 아니다. 어떻게 그 자리를 수습해서 화근을 남기지 않을까, 바로 이것 한 가지다.

사과를 나쁘게 보지 말기 바란다. 이 점만 의식해도 인간관계는 몰라볼 정도로 잘 굴러가는 법이다.

　상대방이 화를 낸다면 당신 입장에서는 좋은 일이기도 하다. 본인의 결점이 드러나는 좋은 기회이기 때문이다.
　'말하기 힘든 것을 말해주셔서 감사합니다. 앞으로 참고하겠습니다.'
　이렇게 감사하는 마음으로 받아들이자. 그렇게 멘탈갑이 된다면 목표를 달성하는 시기도 빨라질 것이다.

남에게 기대하지 마라

나는 '남에게 너무 기대하지 않는 편이 좋다'고 생각한다. 앞에서도 적었듯이 인간은 근본적으로 배신할 가능성이 잠재된 생물이다. 모든 인간은 자신을 가장 소중하게 여기기 때문에 남들은 당연히 당신 생각대로 행동하지 않는다. 제어할 수 없는 것에 기대해서는 안 된다.

사람은 기대하던 보상을 얻지 못했을 때 가장 충격을 받는다. '어째서 돌아오는 게 없지?'가 되면 실망해서 '참 야박한 사람이다' 같은 식으로 생각하는데, 참 어리석은 생각이다.

주식투자로 치환해서 생각해보면 좋다. 주가 상승을 기대하며 투자하지만 주식이라는 것은 올라갈 때가 있는가 하면 내려갈 때도 있다. 투자란 그런 세계다. 하지만 유독 인간관계에서는 멋대로 자기 시간이나 노력을 투자해놓고 기대했으면서 '돌아오는 게 없다!'며 법석을 떤다. 본인이 멋대로 기대해서 시간을 투자했기 때문에 불평할 처지가 못 되지 않겠는가?

동기가 불순한 친절은 상대방에게 달갑지 않다. 차라리 하지 않는 편이 낫다. 보상이라는 것은 상대방의 미소나 감사 인사 그리고 '좋은 경험을 했다'와 같은 자기만족만으로 충분하다. 보상을 받아든 시점에 거래 종료다. "잘 해줬는데"라든지 "나는 참았는데"와 같이 온갖 생색을 내는 말을 하면 미움을 받는다. 당신에게 뭔가 보상을 해준다면 아주 좋은 일이지만, 보상이 당연하다는 생각은 착각이다.

남에게 인정받고 싶은 인정욕구도 마찬가지다. 남의 평가에 의존해 자신의 평가를 결정하는 일은 있을 수 없다. 남에게 받는 평가는 항상 바뀐다. 남의 평가에 자신의 만족도나 충실감이 좌우당한다면 평온은 평생 찾아오지 않는다.

인정욕구가 솟아나는 이유는 스스로 자신을 인정하지 못했기 때문이다. 남이 무슨 말을 하든지 스스로 본인의 노력과 성장을 인정해주는 것이 중요하다.

내 경우는 웨이트 트레이닝이 있기 때문에 이미 자기인정 대

남이 무슨 말을 하든지

스스로 본인의 노력과 성장을 인정해주는 것이 중요하다.

잔치다. 웨이트 트레이닝을 할 때 무게가 올라가면 '나 참 열심히 했네. 역시 대단해!'라고 생각하고, 거울에 비친 내 근육이 불어난 것 같으면 '내 근육 엄청나네! 아주 좋아!'라고 멋대로 들뜬다. 웨이트 트레이닝뿐만 아니라 업무에서든 어학에서든 스스로 자신을 칭찬하는 버릇을 들이자.

남이 무슨 말을 하든지 스스로 자신을 인정해줄 수 있다면 관계없다. 자기인정을 할 수 있으면 매일 즐겁게 지낼 수 있다. 본인만의 행복 잣대를 마련함으로써 멘탈갑에 한 걸음 가까워진다.

✚ POINT ✚

- 남에게 너무 기대하지 마라.
- 남에게 기대하는 것은 도박과 마찬가지다.

승자냐 패자냐는
지금 당장 하느냐 마느냐에
달려 있다

　여기까지 읽었는데 또 '내일부터 시작하자'고 생각하는 사람이 있는가? 없기를 바라지만, 혹시 그렇게 생각한다면 지금 이 순간부터 '내일부터 시작'이라는 말을 금지어로 삼아라.

　뭔가 패널티를 마련해도 좋을 정도다. 한번 돌이켜보기 바란다. 당신 주위 사람 중에 '내일부터 시작한다'고 선언해놓고 행동으로 옮긴 사람이 얼마나 되는가? 오래 지속하는 사람이 얼마나 되는가? 내 경험상 그런 사람은 본 적이 없다. 지금 할 수 있는 일을 내일로 미루는 사람은 입만 살아 있고 결국 행동으로는 아무것도 옮기지 않는 경우가 대부분이다.

　'내일부터 하자!'고 결심했어도 시간이 지남에 따라 의욕은 조금씩 줄어든다. 의욕이 줄어들면 '하지 않는 것에 대한 변명'이

우선은 행동이다.
일단 어떤 형태로든 행동을 취하면 할 맛도 난다.
쉬뿔도
단김에!

점차 넘쳐난다. '이제 나이도 먹었고', '요즘 일이 바빠서', '내년 엔 자리가 잡힐 테니 내년부터 할까?'라며 하지 않는 이유를 정당화하고 변명의 연속으로 일관하다가 결국 아무것도 하지 않은 채로 끝난다. 결심이 선 순간의 그토록 뜨거웠던 결의는 마치 신기루처럼 사라지고 없다.

뭔가를 하고 싶다면 그 순간에 행동으로 옮겨라. 쇠뿔도 단김 에 빼랬다. 하고 싶은 기분이 최대치에 달한 때는 '하자!'라고 생각한 순간이고, 그렇게 결심이 선 순간이야말로 당신 안의 '가장 젊고도 가장 빠른' 타이밍이다. 내일도, 다음 주도, 내년도 아니다. 하고 싶다면 이러니저러니 토 달지 말고 지금 하는 수밖에 없다.

어찌 됐든 행동을 취하기 바란다. 물론 사정이 있어 바로 시작할 방법이 없을 때가 있다. 하지만 가장 좋은 타이밍만 기다리다 보면 영원히 기다리게 될 수도 있다. 우선은 행동이다. 일단 어떤 형태로든 행동을 취하면 할 맛도 난다.

지금 당장 실행할 수 없다면 가능한 것부터라도 시작해라. 인터넷으로 정보를 수집해도 좋다. 요즘은 스마트폰도 있으니 정보 수집은 전철이나 사무실에서도 가능하다. 첫째도 행동, 둘째도 행동이다! 목표를 달성하기 위한 필수 항목이자 멘탈갑을 향한 첫걸음이다. 망설일 시간이 없다. 즉시 행동에 옮겨라.

걸핏하면 '운세' 탓을 하는 사람이 있다. 내 생각을 말한다면 소위 '운이 따르지 않는다'라고 할 때는 대부분의 경우 노력 부족과 잘못된 문제 파악 방식에 기인하고 있다. 그런 풋내기 같은 멘탈로 무슨 일을 계속하겠는가. 어떤 조건에서도 힘차게 나아가 결과를 만들어낼 각오를 다져라.

✚ POINT ✚

- '내일부터 시작'은 금지어다.

- 하고 싶은 기분이 최대치에 달했을 때는 '하자!' 하고 마음먹은 순간이다.

- 지금 당장 실행할 수 없을 때는 자투리 시간을 활용해서 조금이라도 앞으로 진행시킨다.

최상의 조건을 기다리지 마라

노력의 천적은 바로 변명이다. 자기도 모르게 '하지 않는 이유'를 찾아내는 것이 인간이라는 생물이다. '피곤하니까', '내일은 일찍 일어나니까', '졸리니까', 하다하다 결국에는 '날씨가 나빠서 의욕이 나지 않으니까'처럼, 하지 않는 이유는 잇달아 당신을 습격하며 '할 이유'를 밀어낸다. '최상의 조건이 아니니까'라는 이유다.

하지만 최상의 조건은 기본적으로 오지 않는다. 피곤하지 않고, 업무가 순조로우며, 수면이 충분하고, 날씨도 좋다면 당연히 의욕은 상승한다. 그러나 그렇게 완벽한 상황이 어디 쉽게 오겠는가? 그렇다면 최악의 조건에서라도 할 수 있게끔 아이디어를 짜내야 맞는 것이 아닌가? 최상의 조건만 기다리다 보면 아무것도 시작할 수 없다. 최악의 조건이라도 목표 달성을 위해

어떤 상황도 당신을 멈추게 해서는 안 된다.

계속 움직일 수만 있게 되면 그야말로 무적이다. 어떤 상황도 당신을 멈추게 할 수 없으니까.

자신에게 가능한 범위에서 조건을 정비하는 궁리도 필요하다. 예를 들어, 꼭 하겠다고 결심한 항목이라면 누구에게도 방해받지 않는 아침에 끝내버리는 것도 한 가지 방법이다. 업무가 지연되거나 예정에 없던 회식이 열릴 가능성 같은 리스크를 염두에 둔다면 영어 학습이나 웨이트 트레이닝은 아침에 끝내면 된다. 아침 시간은 기본적으로 본인이 제어할 수 있기 때문에 매우 유익한 시간이다.

날씨는 제어할 방법이 없기 때문에 딱 잘라버리는 수밖에 없다. 본인이 제어할 수 없는 것 때문에 기분이 좌우된다면 얼마나 한심한가? 비가 좀 내린다고 하루 종일 기분이 침울해 있다니 얼마나 아쉬운가? 그때는 발상을 전환해야 한다. 비가 오는 날에 혹시나 역에서 우산이 없어 곤란해하는 매력적인 이성을 만나 "이 우산 쓰실래요?(+산뜻한 미소)"와 같은 상황을 맞이할지도 모른다. 비 덕분에 늘 만원이던 헬스장이나 카페가 텅텅 비어 있을 수도 있다. 비가 와서 좋은 점도 있다는 말이다.

애초에 당신과 같은 지역에 있는 사람들도 상황은 마찬가지다. 하지만 잘 살펴보면 즐거워 보이는 사람이 얼마나 많은가? 비가 온다고 즐기지 말라는 법도 없다. 당신도 즐겨라.

✚ POINT ✚

- 최상의 조건은 평생을 기다려도 오지 않는다.

- 스스로 제어할 수 있는 것에 최선을 다하자.

- 도저히 할 맛이 나지 않는다면 발상을 전환해라.

밤샘은 금물이다.
일단 자고
자신을 몰아붙여라

누구나 바쁜 현대 사회다. 밤샘과 야근으로 시간을 보내는 사람도 많으리라 생각한다. 하지만 밤샘과 야근은 기본적으로 피해야 할 행위다. 사실 시간 활용법이라는 의미로 봤을 때는 놀라우리만치 비효율적이기 때문이다.

졸리고 피곤한 채로 작업한다고 집중이 될 리가 없다. 작업 효율은 떨어지고 실수는 늘어난다. 더구나 '오늘은 어차피 야근/밤샘이니 느긋하게 해야지' 같은 식으로 업무 시간에 빈둥빈둥하는 경우도 많다.

나는 아무리 바빠도 밤샘을 하지 않는다. 빈둥빈둥 효율 떨어지는 작업을 계속하는 것은 시간 낭비고, 무엇보다 수면 부족은 근육의 가장 큰 적이기 때문이다. 그래서 나는 무슨 일이 있어도 최소한 여섯 시간은 잔다.

밤샘해야 하는 사태에 내몰렸다면 과감하게 자라. 일을 남겨놓고 자려니 불안한 심정도 이해는 간다. 하지만 나머지 일은 '내일의 나에게 부탁한다!' 하면서 자신을 믿고 푹 자면 된다. 집중력이 떨어져 졸음기가 있는 상태로 작업하는 것보다는 한두 시간만이라도 더 자고 일어나서 업무를 재개했을 때의 출력이 확실히 더 좋다.

굳이 말할 필요도 없겠지만, 집중력은 업무 효율과 질에 직접적으로 영향을 미친다. 게다가 선잠을 자면 일어난 순간부터 마감 시간에 대한 초읽기가 시작되기 때문에 평소의 자신이라면 생각할 수 없는 힘이 작용한다. 이른바 위급할 때 솟아나는 초인적인 힘이다. 눈을 뜬 뒤의 시간은 빈둥빈둥 작업하던 밤과는 비교가 안 될 정도로 농밀해진다.

다음 날 아침의 자신에게 기대하고 자라. 용기가 필요하겠지만 일종의 담력 시험이라고 여기면 된다. 불안이 있는 상황에서도 푹 자려면 강인한 멘탈이 필요하다. 멘탈이 강해지려면 여러 차례 시도해본 다음, 어떻게든 성공이 됐다는 경험을 통해 자신감을 얻는 수밖에 없다. 혹시 다음에 밤샐 일이 생긴다면 자라. 그리고 아침에 일어나 어떻게든 해보라. 한번 해보면 두렵지 않다.

한 번뿐인 인생,
후회만 안고 살아갈 것인가?

부모나 주위의 반대에 못 이겨 목표나 동경하던 일을 단념한 사람이 있을지도 모른다. 하지만 남이 무슨 말을 하든지 당신 인생의 주인공은 당신이다. 당신은 스스로 하고 싶은 일을 추구해야 한다.

남들 의견을 존중한답시고 자신의 진짜 기분을 왜곡한다면 나중에 반드시 후회하게 된다. 사실 지금도 '그때 내 기분에 솔직해졌다면' 하고 후회하는 마음을 지닌 채로 사는 사람이 많을 것이다.

'안정된 직업'이냐 '위험은 있지만 자신이 동경하는 직업'이냐와 같이 아무리 생각해도 답이 안 나오는 양자택일 상황도 있으리라. 내면에서 난투가 벌어지겠지만, 이때는 머리가 돌아버릴

우리가 해야 할 일은 도전자의 발목을 잡는 것이 아니라

도전자가 되는 것이다.

정도로 본인의 머리로 깊게 생각해서 스스로 결단해야 한다는 점이 중요하다. 어떤 일이든 스스로 결정해야 후회를 최소한에 머물게 할 수 있다. 스스로 정한 길이라 변명도 통하지 않으므로 쉽게 포기해버리는 일도 없어진다.

설령 부모의 의견이라도 마찬가지다. 부모가 '이 길로 가라'고 해도 그쪽이 자기가 나아갈 길이 아니라는 생각이 든다면 받아들일 필요는 없다. 당신은 부모의 인생을 사는 것이 아니다. 자기가 하고 싶은 것을 하고, 이상적이라고 생각하는 인생을 살아가라. 부모는 당신을 생각해서 조언해주겠지만, 시대가 달라지면 사고방식도 달라진다. 결국 마지막에는 당신 스스로 책임을 져야 한다. 따라서 당신이 살고 싶은 대로 살아가면 된다.

후회를 느끼는 채로 살다 보면 평생 마음 한구석에 개운치 않은 것이 따라다닌다. 더구나 이로 인해 욕구불만이 쌓이며 괜히 남을 탓하는 인생을 걸어가게 될 가능성도 있다. 자신은 무난하게 안전한 길을 택했지만 누군가가 도전하는 모습을 보고 있자니 어쩐지 화가 나는 상황이다. 그렇게 '실패하면 된다', '실패했으면 좋겠다' 하고 생각하고, 결국에는 도전자를 무시하는 '질투 괴물'이 탄생하고 만다.

당신이 해야 할 일은 도전자의 발목을 잡는 것이 아니다. 도전자가 되는 것이다. 안심해라. 이제부터라도 늦지 않았으니까. 70세 노인도 웨이트 트레이닝을 하면 근육이 성장한다. 몇 살이 되든지 뭔가를 시작하는 데 너무 늦은 시기는 없다.

✚ POINT ✚

- 망설여질 때는 본인 스스로 납득이 갈 때까지 깊게 생각해라.
- 자기 인생은 결국 자신이 마지막에 책임을 진다.
- 도전자가 되라.

자신에게 '엄격'한 것도
중요하지만,
가끔은 '관대'해져라

노력에는 장애물이 따르는 법이다. 아무리 계획을 세밀하게 세워도 예정대로 되지 않을 때가 있다. 그때 뜻이 높고 완벽을 지향하는 사람일수록 한 번의 실패를 아쉬워하고 자기혐오에 빠지기 쉽다. 걸핏하면 '역시 무리였어!' 하고 자포자기 상태에 빠진다.

예를 들면 다이어트가 그렇다. 무심코 한밤중에 과자를 먹었다거나 회식이 끝나고 해장 라면을 먹은 뒤에 '아, 여태까지의 노력이 물거품이 됐어' 하고 자포자기하며 실패하는 사람이 얼마나 많던가.

다이어트 중의 고칼로리 식사가 물론 권장할 만한 일은 아니다. 하지만 한두 번 정도의 과식은 -그것을 핑계로 모든 것을

정답은

신경 쓰지 않는 것이다.

포기해버리는 경우에 비하면— 대단한 실수도 아니다. 생각해보라. 1개월 주기로 생각했을 때 당신이 실패한 비율은 30일 중 하루다. 하루 세 끼라고 가정하면 불과 90끼 중 한 끼다. 어떤가? 단 한 번의 실수가 그토록 대단하게 느껴지는가?

다이어트뿐만이 아니다. 공부해야 하는데 빈둥빈둥 유튜브 영상을 보았다거나, 돈을 아껴야 하는데 친구와 술을 마시러 나갔다거나 하는 경우도 있을 것이다. 이처럼 뭔가 우발적인 행동을 했을 때 당신이 취해야 할 행동은 후회도, 자포자기도 아니다. 정답은 '신경 쓰지 않는 것'이다. 계획대로 진행되지 않았더라도, 해야 할 노력을 소홀히 했더라도 때로는 신경 쓰지 않는 멘탈이 필요하다. 뻔뻔하게 '리프레시 한번 잘 했네!' 하고 나서, 다음 날부터 아무 일도 없었다는 듯이 재개하면 된다.

다만 반성은 필요하다. 들뜬 마음이 가라앉았다면 원인을 생각해보기 바란다. 예를 들어, 집에 놓여 있던 간식거리가 원인이라면 집에는 먹을 것을 최소한만 남겨두도록 한다. 퇴근길에 회식의 유혹을 받은 것이 이유라면 다음부터는 유혹받지 않도록 대책을 강구해둔다. 생각보다 작업량이 많아 야근을 하게 된 것이 원인이라면 아침 일찍 공부 시간을 확보해둔다. 어떻게든 대책을 세울 방법은 있으니 또다시 실수를 하지 않도록 철저해져라.

노력에서 가장 중요한 것은 계속하는 데 있다. 그러기 위해서는 자신에게 관대해지고 뻔뻔해지는 것도 중요하다. 걱정하지 마라. 계속할 수만 있다면 당신은 확실히 성장할 테니까. 단 한 번의 잘못으로 자신을 너무 탓하지 말기 바란다.

✚ POINT ✚

- 완벽주의에서 탈피해라.
- 후회를 하지 말고 반성을 해라.
- 자포자기를 할 바에는 뻔뻔해져라.

실패는 자신을 다잡는 최고의 기회다!

뭔가를 향해 힘을 낼 때는 실패가 따르는 법이다. 그렇다고 전혀 침울해할 필요는 없다. 노력에 대한 보상은 성공이 아니다. 성장이다. 실패했기 때문에 노력이 물거품이 됐다고는 절대로 생각하지 마라. 성공이나 실패에는 때로 운도 관여한다. 실패했더라도 성장했다면 그것은 실패가 아니다. '실패는 성공의 어머니'라는 말은 결코 억지가 아니다.

거듭 강조하지만 당신이 비교해야 할 상대는 동료도 경쟁자도 아닌, 도전하기 전의 자기 자신이다. 영어 단어를 한 개 더 외우기만 해도 확실한 성장이다. 제대로 노력하면 성장은 100% 이루어지는 법이다.

실패가 언젠가는 도움이 될 때도 있다. 예를 들어, 당신이 어떤 자격증 시험에서 불합격했다고 해도, 대신 해당 분야에 관한

노력에 대한 보상은 성공이 아니다.

성장이다.

지식을 확실히 얻었다. 그렇게 얻은 지식을 활용해서 직속 상사에게 조언을 해준다거나 업무에 관한 이해가 깊어질 수도 있다.

게다가 커뮤니케이션에서 가장 중요한 요소는 공감 능력에 있다. 요컨대 공통 지식이 있으면 있을수록 다양한 사람들과 폭넓은 대화가 가능하며 대화가 즐거워진다. 이렇게 할 수 있다면 상대방의 마음을 얻기가 쉬워진다. 자격증을 따지는 못했지만 공부를 통해 얻은 '지식'은 확실히 당신 안에 재산이 되어 남는다.

게임에 빠져 지냈던 경험도 나중에 활용될 가능성이 있다. 뭔가 열중했다는 것은 특별한 경험이다. 당신이 게임에 빠지게 되는 감각과 상사가 철인 3종 경기에 빠지게 되는 감각은 장르는 다르지만 거의 비슷하다. 장르는 달라도 감각이 공유되면 대화가 진행된다. 이처럼 실패한 도전이나 언뜻 쓸데없을 것 같던 경험도 뭔가에 응용할 수 있는 가능성을 내포하고 있다. 실패한 경험이 다음번에 하고 싶은 목표로 이어질 수도 있다.

'성공이냐 실패냐'처럼 0 아니면 100으로 구분하기 때문에 불행해지는 법이다. 모처럼 들인 자신의 노력을 실패로 단정 짓고 '노력해봤자 헛수고'라든가 '인생은 쓰레기다'라는 결론을 내리는 사람도 있는데, 그것은 착각이다. '노력은 헛수고'라고 생각해서 노력을 전혀 하지 않는 사람과 '노력하면 성장한다'고 생각해서 노력하는 사람의 인생은 크게 달라진다.

만에 하나 성장을 실감할 수 없더라도 최선을 다한 자신을 자랑스럽게 생각해라. 아무것도 모양 빠질 것은 없다. 가슴을 활짝 펴고 스스로 자신을 칭찬해주기 바란다.

✚ POINT ✚

- 실패는 피한다고 빠져나올 수 있는 길이 아니다. 100번 해서 한 번 성공하면 행운이라고 생각해두는 것이 좋다.

- 실패를 하더라도 성장은 하고 있다.

- 결과가 어찌 됐든 도전하는 것을 자랑스러워해라.

슬럼프를 즐겨라

다이어트도 웨이트 트레이닝도 공부도 그렇겠지만, 제대로 노력하고 있는데도 생각만큼 늘지 않을 때가 있다. 이것이 바로 '정체기'로서, 소위 슬럼프라고 불리는 것이다.

어떤 분야든지 슬럼프는 노력을 하는 과정에 반드시 찾아온다. 상승세만 있는 성장은 환상이다. 엄청나게 성장하고 있는 것처럼 보이는 사람도 실제로는 '두 걸음 전진, 한 걸음 후퇴' 같은 식의 성장선을 그리고 있다. 노력을 보답받지 못하면 의욕이 떨어지고 싫어질 것이다. 자신의 방식이 잘못된 것은 아닐까 하고 의심병이 도지기도 한다. 결과적으로 대부분의 사람들은 노력을 그만둬버린다. 슬럼프에 빠졌을 때 노력을 그만두는 것만큼 최악의 대응도 없다. 슬럼프 기간에도 노력을 계속할 수 있다면 확실한 성장을 기대할 수 있다.

슬럼프에 빠졌다면 먼저 자신을 칭찬하라.
슬럼프는 성장의 증거다.

슬럼프는 성장의 증거다. 노력이 결실을 맺어 어떤 일정한 수준까지 올라왔다면 떳떳하게 슬럼프에 빠질 수 있다. 노력해서 앞으로 전진해왔기 때문에 이제까지 눈치조차 채지 못했던 벽에 부딪친 것이다. 슬럼프에 빠졌다면 먼저 자신을 칭찬해줘야 한다.

슬럼프는 크게 성장할 수 있는 기회이기도 하다. 슬럼프는 '돌파해내는 초읽기'다. 돌파한다는 것은 비약적으로 성장한다는 의미다. 높이 점프하려면 한 번은 웅크릴 필요가 있지 않은가. 슬럼프도 마찬가지다. 슬럼프를 이겨내면 엄청난 속도의 성장이 기다리고 있다. 이런 돌파의 순간을 한 번 경험해보면 나중에는 중독이 된다. '슬럼프야, 얼른 와라!' 하고 기다려지는 것이다. 그런데도 여기서 '뭐야, 노력해도 헛수고잖아' 하고 그만둔다면 얼마나 아까운 일인가.

슬럼프를 극복하고 돌파의 순간을 체험하려면 꾸준하고도 묵묵하게 노력을 계속하는 수밖에 없다. 등산도 처음에는 거침없이 올라가다가 점차 녹초가 되지 않던가. 위로 가면 갈수록 당연히 경사가 급해지고 산소도 희박해진다. 하지만 힘든 구간 너머 앞쪽에는 이제까지의 피로가 한순간에 싹 가시는 절경과 성

취감이 기다리고 있다. 힘을 내라. 당신이라면 분명 할 수 있을
테니.

✚ POINT ✚

- 슬럼프는 성장의 증거다.
- 슬럼프는 한계 돌파를 향한 초읽기다.

한 과목 100점 받는 천재보다 세 과목 80점 받는 평범한 사람이 이긴다

　'100점'을 목표로 하는 노력은 귀중하지만 사실 시간 대비 효율로 따지면 그다지 좋지 않다. 왜냐하면 어떤 분야든 100점 수준에 도달하려면 엄청나게 많은 시간이 들기 때문이다. 초반에는 확 늘더라도 어느 정도 수준에 도달하면 성장 속도는 완만해지고 만다.

　'20점부터 80점까지'의 수준 향상에 필요한 노력과 '80점부터 90점까지'에 필요한 노력은 전혀 다르다. 느낌상으로는 배 이상의 노력이 필요하다. 80점을 받은 평범한 사람이 90점을 목표로 방대한 에너지와 시간을 쓰면서 노력하는 사이에, 요령 좋고 흡수도 빠른 천재들은 더욱 높은 효율로 성과를 쌓아간다.

　그런 절망적인 경쟁에 터무니없는 양의 노력과 시간을 사용할 바에는, 그 시간을 다른 분야에 투자해서 거기서도 80점을 받을 수 있도록 하는 편이 낫다. 80점 정도만 받아도 어떤 분야에서든 충분히 통용된다. 80점부터 95점은 자기만족의 세계다. 96점부터

100점은 천재의 세계다. 영어를 사용하는 분야에서 일하고 싶다는 이유라면 딱히 원어민급 영어를 익힐 필요는 없다. 차라리 영어도 중국어도 원어민급은 아니지만 80점을 받고 다른 능력을 갖춘 인재 쪽이 훨씬 요긴하다.

어떤 꿈을 이루는 데 100점을 받지 못하면 안 되는 경우라면 이야기가 달라지겠지만, 그렇지 않다면 무작정 100점을 목표로 할 필요는 없다. 나라면 2년 걸려 80점을 받은 다음에, 남들이 5년 걸려 90점을 목표로 하는 사이에 다른 두 가지 분야에서도 80점을 받을 수 있도록 노력할 것이다. 단순 덧셈으로만 해도 90점 대 240점이다.

또 단순 덧셈으로는 끝나지 않는 경우가 많다. 희소성 있는 능력일수록 가치는 기하급수적으로 커진다. 비즈니스에서는 '압도적인 한 가지 재능'보다 '다재다능'이 효력을 발휘한다. 열 명 중 한 명밖에 갖지 못하는 능력이 세 가지 있다면 $10 \times 10 \times 10$이니 1,000명 중 한 사람의 인재가 될 수 있다.

노력을 통해 자신의 가치나 능력을 최대화하고 싶다면 종합력으로 승부를 봐야 한다. 어쩌면 천재조차 능가하는 인재가 될 수도 있다. 평범한 사람은 평범한 사람다운 전략을 짜서 자기 능력을 높여가도록 하자.

몸짱 사장의
의외로 대단한 멘탈 트레이닝

뭐든
시작하면
어떻게든
된다

이 책은 '꿈을 이루기 위해' 읽으려고 했던 사람이 많았을 테니, '꿈 따위 필요 없다'고 말해서 놀랐을 사람이 있을지도 모르겠다.

하지만 꿈이라는 것이 그렇게 중요한 것일까?

없는 것보다야 있는 것이 낫지만, 없다고 해서 전혀 문제될 일은 없다고 생각한다. 오히려 '꿈이 없다'는 이유로 고민하고 인생을 즐기지 못하는 것이 더 큰 문제다. 신경 쓰지 마라! 대부분의 사람들은 확실한 꿈이 없는데도 즐겁게 살아가고 있지 않은가.

꿈이 아니라도 목표가 있으면 인생은 즐겁고 매일이 충실해진다. 목표를 달성할 때마다 자신을 좋아하게 된다. 그것은 '꿈'을 향해 쉬지 않고 달리는 것과 같다.

목표를 가지는 것이 중요하다는 점을 이해했다면, 지금 당장 시작하기 바란다. 지금 당신은 다 이해한 것 같겠지만, 그것은 글자

그대로 이해한 느낌이 들었을 뿐이다. 행동으로 옮겨야 비로소 모든 것을 진정으로 이해할 수 있다. 그러니 지금 당장 시작해라. 빨리 시작하지 않으면 하고 싶던 기분이 점차 줄어든다. '내일 하자'든지 '지금 하는 일이 자리 잡히면 하자' 같은 식으로 말하면 아무리 시간이 흘러도 시작하지 못한다.

사람은 망각의 동물이기도 하다. 이 책을 읽고 얻은 동기부여는 에너지 음료 효과처럼 몇 시간 만에 사라져버릴지도 모른다. 따라서 이 책을 덮으면 무엇이든 당장 행동으로 옮기기 바란다.

만약 앞으로 인생에서 고민하거나 망설여지거나 끙끙 앓는 일이 생긴다면 다시 이 책을 읽기 바란다. 걱정하지 마라. 나는 항상 여기에 있으니까. 나를 늘 듬직하게 자리를 지키고 있는 덤벨이라고 여겨주기 바란다. 나도 여기서 당신을 듬직하게 기다리고 있겠다.

이제 행동만이 남았다.
마음껏 날뛰어 당신의 욕망이 모두 이루어지기를!